作者名单

主　　　编：张　红
副 主 编：顾　伟
编写组成员：黄继玲　景旭初　杨　俊
　　　　　　王昕佳　叶　静　董涛玲
　　　　　　李晓燕　赵　懿　周　夔

部编教材实用课堂教学指导用书

CHUZHONG ZUOWEN
KEYI ZHEYANG JIAO

初中作文
可以这样教

主　编　张　红

副主编　顾　伟

NORTHEAST NORMAL UNIVERSITY PRESS
东北师范大学出版社
WWW.NENUP.COM

图书在版编目（CIP）数据

初中作文可以这样教/张红主编. —长春：东北师范
大学出版社，2019.8
ISBN 978 - 7 - 5681 - 6158 - 9

Ⅰ.①初… Ⅱ.①张… Ⅲ.①作文课—教学研究—初中
Ⅳ.①G633.342

中国版本图书馆 CIP 数据核字（2019）第 174618 号

□责任编辑：何 云 □封面设计：林 雪
□责任校对：马启娜 □责任印制：张允豪

东北师范大学出版社出版发行
长春净月经济开发区金宝街 118 号（邮政编码：130117）
电话：0431—84568220
网址：http：//www.nenup.com
东北师范大学出版社激光照排中心制版
吉林省吉育印业有限公司印装
长春市经济开发区深圳街 935 号（邮政编码：130033）
2019 年 8 月第 1 版 2019 年 8 月第 1 次印刷
幅面尺寸：169mm×239mm 印张：12 字数：160 千

定价：42.00 元

目　录

第一章　绪　　论 …………………………………………… 001

　　第一节　写作教学的重要意义 …………………………… 001

　　第二节　写作教学的目标 ………………………………… 002

　　第三节　写作教学的反思 ………………………………… 003

　　第四节　写作教学的现状 ………………………………… 004

　　第五节　作文教学课例的设计 …………………………… 006

第二章　写人叙事类作文教学课例 …………………………… 009

　　第一节　写人叙事类作文教学方法指导 ………………… 009

　　第二节　教学实录 ………………………………………… 012

　　课例 1　给人物"画"像 ………………………………… 012

　　课例 2　有条不紊写事情 ………………………………… 029

　　课例 3　举手投足展性情 ………………………………… 047

　　课例 4　写好人物的精神 ………………………………… 064

　　课例 5　详略得法 ………………………………………… 081

第三章　多种类型作文教学课例 ……………………………………… 099

　第一节　多种类型作文教学方法指导 ……………………… 099

　第二节　教学实录 …………………………………………… 101

　　课例6　十年后的我 ………………………………………… 101

　　课例7　校园一景 …………………………………………… 116

　　课例8　言之有据，论证合理 ……………………………… 132

第四章　作文修改润色教学课例 ……………………………………… 152

　第一节　作文修改润色教学方法指导 ……………………… 152

　第二节　教学实录 …………………………………………… 154

　　课例9　文从句顺表意准 …………………………………… 154

　　课例10　作文的评价与修改 ……………………………… 168

第 一 章

绪　　论

第一节　写作教学的重要意义

《义务教育语文课程标准》明确指出，写作是学生"运用语言文字进行表达和交流的重要方式，是认识世界、认识自我、创造性表述的过程"，"写作能力是语文素养的综合体现"，写作教学的重要性毋庸置疑，写作教学具有多方面的重要意义。写作教学的过程，是培养学生观察、思考、表达和创造能力的过程，更是引导学生关注现实，热爱生活，积极向上，表达真情实感的过程。写作教学，既是教学生"作文"，更是教学生"做人"，是落实"立德树人"教育目标的重要途径。写作教学，是对学生综合素养的培养。

第二节　写作教学的目标

《语文课程标准》明确规定的初中阶段语文写作教学目标是：

1. 写作要有真情实感，力求表达自己对自然、社会、人生的感受、体验和思考。

2. 多角度观察生活，发现生活的丰富多彩，能抓住事物的特征，有自己的感受和认识，表达力求有创意。

3. 注重写作过程中的搜集素材、构思立意、列纲起草、修改加工等环节，提高独立写作的能力。

4. 写作时考虑不同的目的和对象。根据表达的需要，围绕表达中心，选择恰当的表达方式，合理安排内容的先后和详略，条理清楚地表达自己的意思。运用联想和想象，丰富表达内容，正确使用常用的标点符号。

5. 写记叙性文章，表达意图明确，内容具体充实；写简单的说明性文章，做到明白清楚；写简单的议论性文章，做到观点明确，有理有据；根据生活需要，写常见应用文。

6. 能从文章中提取主要信息，进行缩写；能根据文章的基本内容和自己的合理想象，进行扩写；能变换文章的文体或表达方式等，进行改写。

7. 根据表达的需要，借助语感和语文常识，修改自己的作文，做到文从字顺。能与他人交流写作心得，互相评改作文，以分享感受，沟通见解。

8. 作文每学年一般不少于 14 次，其他练笔不少于 1 万字，45 分钟能完成不少于 500 字的习作。

写作教学目标要求培养学生良好的写作习惯，培养学生多方面的写作能力，要求开展多种类型的写作实践活动，强调对学生写作过程和作文修改的指导。

第三节　写作教学的反思

反思初中的写作教学，过去存在比较严重的随意性，没有很好地落实《语文课程标准》所要求的写作课程目标。

一、写作教学缺乏系统安排

过去各个版本的教材，基本都按照"人文主题"单元设计，教师的写作教学也多是依据单元的"人文主题"进行设计。这虽然在很大限度上贴近了学生的生活，却在一定程度上忽视了写作教学的系列性、逻辑性和系统性的特点。阶段训练没有相对集中的目标，单元教学之间、年段教学之间没有知识与能力训练的内在联系，以及显著的能力训练上升梯度，造成写作教学内容狭窄、知识零散、能力分散等现象发生。在具体的写作教学中，往往有的写作知识点可能被重复多次，还面目模糊；有的知识点却被遗忘搁置，只能靠学生自省自悟。

基于这些情况，过去初中阶段的语文写作训练序列，基本完全依赖教师根据具体学情自行安排。

二、写作过程缺乏具体指导

单元的阅读教学和写作教学除了主题相同之外，"读"和"写"之间没有建立内在的联系，没有明确应该如何从"读"中借鉴方法并运用于"写"的训练中。"读"与"写"貌合神离，处于分裂状态。这种状况，造成写作教学缺少一些"硬货"——写作方法的指导。教师的写作教学无"法"具体指导，学生的写作无"法"可依可用。而且写作教学部分的内容存在设计过于宽泛、笼统的毛病，不利于教师的实践操作。以上各种不足极易产生：写作教学教师教得"放任自流"，学生写得"随心所欲"，以至于造成学生写作能力提高缓慢，写作积极性不高等状况。

第四节　写作教学的现状

一、统编教材写作教学设计

初中阶段语文统编教材，正视了过去教材在写作教学部分缺乏系统安排的不足，根据课程标准的要求，落实课程新理念，对写作训练有了一个较好的设想和架构。写作安排有系统、有梯度，并且写作训练形式多样，写作要求明确。例如：七年级训练侧重点放在一般性文章写作训练上，重在落实写人记事的能力；八年级在巩固提高写人记事能力的基础上，侧重多种类型作文训练；九年级进一步拓宽写作类型，并且为了适应中考需要，对学生的审题立意、布局谋篇、修改润色等方面的能力提出了明确训练要求。

统编教材写作部分建立了阅读和写作比较紧密的联系，往往从单元阅读材料中，尤其是经典作品中，提炼出比较具体好用的写作方法，并对单元写作训练提出了一定的要求和建议。

二、统编教材使用的困惑

尽管统编教材对写作训练有以上种种考虑，但现实中的写作教学，依旧是语文教学中的"低洼地"，问题严重而且复杂，有效的解决方法比较匮乏。因为，即便教材优化了，但要将教材的内容落到实处，化为具体的课例，并运用于实际的写作课堂教学中，对学生进行扎实的写作指导和训练，还是有比较大的困难。简而言之，就是教材内容和课堂教学之间还是有一个比较大的距离。因为，要充分理解教材中的写作内容，并化为切实可行的便于操作运用的课例非常不容易。写作教学，最显教师教学的基本功，理解不足，运用不善，写作教学依旧很难取得成效。写作教学的低效无趣，也和多年来写作教学形成的惯性分不开。多年来，教师和学生已经形成了非常功利化的写作教学理念，写作课程目标往往沦落为为考而"写"，热衷于应试作文的教学，写作教学主要是反复训练学生"套"作文的能力。写作教学的低效和乏味可想而知。因此，要改变作文教学的不良状态，还需要我们基于《语文课程标准》，立足统编教材，进行更多的探索、研究。

第五节　作文教学课例的设计

一、作文教学课例设计的意义

为了改变落后的作文教学理念，更好地落实语文写作课程目标，改变落后的作文教学方式，实现统编教材写作部分的设计意图，扎实培养学生的写作能力，让作文课堂教学变得"鲜活"起来，变得更有成效，本书以统编教材作文部分的内容为出发点，择其重要部分精心设计。基于新的课程标准，基于统编教材要求，基于目前初中作文教学的现状，立足一线教学，强调写作知识的结构化，强调以读促写，强调写作过程的指导，强调作文的修改，力求为基层教师提供作文教学典型范例，以便推动教师自觉更新作文教学的理念，改变传统作文教学的方式，丰富作文教学的内容和手段，使作文教学生动有趣又有效。

二、作文教学课例设计的思路

1. 作文教学结构化

本书从"写人记事类作文训练""多种类型作文训练""作文的修改润色"这三个维度选取了十节典型作文教学课例，构成了初中作文训练的主要内容。每个维度的训练都有一个梯度设计，有一个能力提升的过程，既可适用于初中低、中、高不同年段的写作教学，又可适用于同年级不同能力学生的写作训练。

基于作文教学的空间相对阅读教学更加宽泛、自由的特点，课例的设计和教材的对应是比较灵活、自由的。因此，建议教师使用时，可以根据具体学情合理借鉴。例如"写人记事类作文训练"选取了五个课例，其中三个侧重于写人作文训练，两个侧重于记事作文训练。三个侧重于写人的课例，从肖像描写、动作描写到采用多种方法突显人物精神，塑造人物形象，意在构成一个由初中低年段到中年段侧重写人记叙文的训练梯度，使学生在经历这样一个写作由低到高的学习过程中，形成写人类记叙文的知识模块，促进知识结构的系统化。两个侧重记事课例，也有类似的设计。先从初中低年段最迫切需要训练的能力——记事要有条理入手，再到中年段记事要求做到能根据写作目的的需要详略有致，意在使两个课例的设计既有能力训练的一致性，又有一个上升台阶。相信学生沿着这样一个个层次分明的台阶"拾级而上"，一定能显著提高写作能力。这是我们设计的初衷，但在具体使用中教师可以灵活处理。写作能力薄弱的学生，也许到了九年级依旧要反复训练写人记事的能力。

2. 课例设计典型化

每个课例都有课程说明、教学设计、教学反思以及专家点评，力求做到对"标"（课程标准）对"本"（统编教材）对"学情"，要求既能站在理论高度去理解、分析教材，又必须联系教学的实际情况，精心设计教案，并实施教学。在实施教学的过程中，始终遵循"积极倡导自主、合作、探究的学习方式"，"努力建设开放而有活力的语文课程"等教学理念，扎扎实实"致力于培养学生的语言文字运用能力，提升学生的综合素养"，在反复运用语言文字的实践活动中，"激发和培育学生热爱祖国语文的思想感情，引导学生丰富语言积累，培养语感，发展思维，初步掌握学习语文的基本方法，养成良好的学习习惯，具有适应实际生活需要的……写作能力、口语交际能力，正确运用祖国语言文字"。在教学中，"充分发挥师生双方在教学中的主动性和创造性"，"努力体现语文的实践性和综合性"。

这些生动的课例，从不同类别、不同内容的作文指导和训练方法入手，打破传统作文教学理念，适当引进新的教学方法，在激发学生写作兴趣的同时，提高了写作教学效果。例如：巧妙地设置作文教学情境，激发学生写作兴趣；将口语训练和书面写作相结合，消除学生写作畏难情绪；打通"读""写"之间的壁垒，引导学生进行方法的积累与迁移；设计清晰的写作训练路径，使写作有规律可循；搭建写作训练支架，帮助学生打破写作"瓶颈"；设计相应的作文评价量表，重视写作过程性的评价，以此促进学生的交流、分享和沟通，并在评价量表的指导下，修改润色作文；运用信息技术与作文教学内容深度融合的方式，打破传统的写作教学模式，改变学生传统的学习习惯，采取新型的教与学的方式，促进学生的自主性学习。这些课例，充分体现了新课程理念。

由于初中阶段是学生写各类规范文体的起步阶段，模仿和借鉴非常重要，因此，应尽量将作文教学和单元阅读教学相结合，打通"读""写"通道，尤其注意选取经典作品作为范例，从中提炼写作最为基本、最为重要的一些方法，学习、借鉴这些方法并运用于写作实践中。在这个过程中，教师应巧妙引导，甚至身体力行，下水作文。在激发学生写作兴趣的同时，为学生的写作树立一个极好的榜样。这种写作教学的精神是值得肯定的，因为，教师往往就是学生最好的榜样，最大的精神激励。

总之，本书力求做到作文课堂教学：教的理念正确无误，教的氛围轻松愉快，教的内容清楚明白，教的方法有效新颖，教的目的落实到位，以便为初中一线语文教师的作文教学提供参考。

第二章

写人叙事类作文教学课例

第一节　写人叙事类作文教学方法指导

写人叙事是记叙文写作最主要的内容。写人叙事类文章的写作训练，是初中语文作文教学最基本的内容，它贯穿于整个初中阶段的作文训练，也是中考作文最常见的形式。

写人与叙事，两者关系密不可分。写人，就要写人的活动；叙事，就要写事件的完整过程，而任何事件都离不开人的参与。因此，我们不能把写人与叙事的记叙文截然分开。

但是，两者的侧重点还是有所不同。写人的记叙文侧重表现人物的性格特点和精神风貌，往往通过抓住人物最具有特征的肖像、语言、动作等，塑造人物形象，对事件的叙述一般不需过多铺垫和渲染。因此，侧重写人的记叙文训练，最主要的是引导学生仔细观察人物的肖像、动作等，并抓住人物最鲜明的特征，运用准确的语言，进行细腻的描写，以表现人物的性格特点或者精神风貌。这是侧重写人类记叙文最常用的写作方法。课例《给人物"画"像》《举手投足展性情》的教学设计就是基于这样的认识，适用于初中低年级的作文训练。

《给人物"画"像》重在引导学生仔细观察人物的肖像特点，发现人物在衣着打扮、神情容貌，乃至人物姿态、身材等方面区别于他人的独特之处，也就是对人物最具特色的外貌特征展开具体描写，并以此刻画出人物的性格特点。肖像描写的精髓不在于面面俱到地"精雕细刻"，而在于以"形"传"神"地精心刻画。这是本课教学的难点。

《举手投足展性情》则是引导学生抓住人物的动作特点，用准确、鲜活的动词展现人物的性格、品质、身份、地位、处境、状态等。人物的动作往往具有一定的连贯性，例如打球、跨栏、跳高等，动作从开始到结束，是连续又富有变化的。因此，运用动作描写，要引导学生学会对人物动作进行分解细化，写出具体连贯的动作全过程。这是课堂教学的重点和难点。

侧重写人类的记叙文就是应该这样从培养学生仔细观察的良好习惯入手，细心观察，发现人物肖像或者动作的独特之处，并用细腻的文字描绘出来。这是写人类记叙文写作训练的最基本要求。初中低年段，建议老师们多结合课文，借鉴经典中的片段，多进行片段式的写作练习。

有了写人类记叙文写作的基本功以后，还可以结合多种描写方法、写作方法，或者添加修辞修饰等，多方刻画人物形象，使之饱满鲜明。课例

《写好人物的精神》就是对写人类作文教学的进一步探索，旨在引导学生了解、学习、运用细节描写、对比的写作手法以及抒情、议论的表达方式，来突显人物精神。这一作文训练适合初中中高年段的学生。

叙事类写作则以描述事件为核心，通过展示事件的全过程来揭示事件的本质和意义，或者抒发作者比较复杂的思想情感，对事件中的人物可以不用刻意描绘。因此，要将叙事类作文训练重点放在"合理安排内容的先后和详略，条理清楚地表达自己的意思"上。

《有条不紊写事情》通过情境设置、看图说话等方法，引导学生提炼叙事的最基本要求：注意时间顺序、空间变化以及叙事的逻辑性。写作教学设计的梯度明显，难度随着任务的推进而不断提高。在写作过程中，教师不断引导学生总结方法，并精心设计学生互评用的评价表格，帮助学生开展自主性学习活动，注重写作活动过程性评价。"有条不紊写事情"是写作的基本要求，建议初中低年级就开始进行训练。

《详略得法》则让学生学习如何通过拟订交际语境来安排文章的详略。写文章，要根据题意、中心来处理文章详略。传统的写作教学是：引导学生依据中心来判断材料的详略处理，这样的作文教学固然也是可以的，但是详略处理的依据过于单一，其实一篇文章的详略处理可以从多个方面加以考虑，这样的思考往往更加严谨周密，有利于学生写作思维能力的培养。本课打破传统的教学方法，尝试让学生通过"拟订交际语境"来处理文章的详略。"交际语境"的基本要素有写作者的身份、读者身份、文章的主要内容、文章写作目的等。基于这些"交际语境"要素的"设置"，进而考虑文章详略的安排。课堂实践证明：通过拟订交际语境来具体安排文章的详略，学生的思考更加缜密，对学生写作思维训练确实有一定的帮助。

第二节 教学实录

课例1 给人物"画"像

✧ 课程说明

　　七年级的学生已经基本学会完整叙述一件事，但对于写人的文章，写作才刚刚着手，人物的描写训练显得迫在眉睫。统编版教材七年级上册第三单元的写作训练对七年级学生提出了"写出人物特点"的写作要求。本次写作训练正是基于统编语文写作课程安排和七年级学生写作学情的考虑，引导学生从人物的外貌入手感受人物性格的差异，学习绘"形"传"神"来表现人物的性格特点。本节作文训练课把写作对象聚焦在思想家、文学家鲁迅先生身上，让学生学会通过肖像描写来表现鲁迅先生的性格特点，感受鲁迅先生"横眉冷对千夫指，俯首甘为孺子牛"的人格魅力，把情感、态度、价值观的培养渗透于日常教学中。教师在教学过程中，注重对学生写作过程的指导，通过"尝试练笔——交流感悟——学习经典——修改提高"等教学环节，相机引导学生进行实践——反思——实践的写作训练，促进了学生观察能力、表达能力和思维能力的培养。

◈ 教学设计

【教学目标】

学习肖像描写的方法，学会在写作中进行肖像描写，写出人物的特点。

【教学重点】

在写作训练过程中学习肖像描写的方法。

【教学难点】

学习围绕人物的特点来对人物进行肖像描写。

【课时安排】

一课时。

【教学准备】

教学 PPT，白板，授课助手，写作评价量表。

【教学过程】

一、激趣导入，板书课题（2分钟）

1. 笑话激趣

课件出示

告示——个子不高不矮，身材不胖不瘦，脸不黑不白，眼睛不大不小，鼻子不高不低，嘴巴不宽不窄。

师：请大家先看这个告示，这张告示是古代一个县官贴出来的，要抓一个小偷。请问，根据这张告示内容，我们能抓到小偷吗？为什么？

生：不能。因为它不是很具体。比如，鼻子不高不低，脸不黑不白，大多数人都这样，所以我们不知道这个人是谁。

师：也就是说，这一段肖像描写没有抓住这个人容貌、身材等方面的特点来写，人们看了后不能给这个小偷准确地"画"像，不能从人群中把这个人辨认出来。那么，如何通过肖像描写来给人物"画"像呢？我们今天就来解决这一问题。

2. 板书课题：给人物"画"像——人物的肖像描写训练

【设计意图：激趣导入，由一则"县官抓小偷"的告示自然引入本节课要解决的核心问题——如何通过肖像描写来给人物"画"像。这一导入可以帮助学生克服对于写作训练的畏难情绪，营造出一种轻松愉快的学习氛围。教师通过引导学生探究不能抓到小偷的原因，也巧妙地提醒学生一开始就抓住肖像描写的关键之处，即只有抓住人物的外貌特征才能准确地给人物"画"像，成功地进行肖像描写。】

二、猜猜看，初步了解肖像描写（5分钟）

1. 猜文学形象，体会肖像描写的作用

（1）"猪八戒"的肖像描写

课件出示：

只见他黑脸短毛，长嘴大耳，圆身肥肚，穿一件青不青、蓝不蓝的梭布衣服，系一条花布手巾，提一柄九齿钉耙。

师：你知道这段肖像描写的对象是谁吗？看谁猜得又快又准。

生：猪八戒。

师：你的依据是什么？

生：只见他"黑脸短毛，长嘴大耳"，并且手里"提一柄九齿钉耙"。这是《西游记》里猪八戒特殊的外貌特征和他独有的兵器。

师：除了这些，这里还写了什么？

生：还写了他身上穿的衣服，他的衣着打扮。

师：我们揭晓答案，的确是猪八戒。可见，肖像描写可以从人物的容貌、身材、衣着打扮等方面的特殊之处进行描写，成功的肖像描写可以反映出人物的身份、性格特点。

（2）孙悟空的肖像描写

课件出示：

他身穿亮堂堂的金甲，头戴光闪闪的金冠，手举一根从东海龙宫掠来的金箍棒，显出一副威武霸气的样子。一双火眼金睛炯炯有神，透露出铲除一切妖魔鬼怪的决心。

师：同学们猜猜看，这个人物是谁？

生：他是孙悟空。

师：你有什么依据？

生：他手里"一根从东海龙宫掠来的金箍棒"，这是孙悟空特有的武器；"一双火眼金睛炯炯有神"，这是孙悟空特有的眼睛。

师：这段话还写了什么？

生：他的衣着打扮。还有"显出一副威武霸气的样子"，"透露出铲除一切妖魔鬼怪的决心"，这是他的神情。

师：是的，他就是孙悟空。我们可以从人物的衣着打扮、神情、容貌等方面的特殊之处来判断这个人物的文学形象。

2. 小结，初步了解肖像描写及其作用

师：从猪八戒和孙悟空这两个文学形象的肖像描写片段我们可以看出，肖像描写通过写出人物与众不同的面貌特征来给人物"画"像，可以写人物的身材、容貌、衣着打扮，也可以写人物的神情、姿态等。恰当的肖像描写可以反映出人物的身份、职业、经历、性格特征，帮助我们抓住人物的特点。

【设计意图】："猜猜看"这一环节，巧妙借助"猪八戒"和"孙悟空"

这两个文学形象来引导学生初步了解肖像描写及其作用。"猪八戒"和"孙悟空"这两个文学形象，外貌极富有特征，性格鲜明，又是学生们耳熟能详、非常喜爱的人物。这两个文学形象可以拉近肖像描写与学生的距离，使肖像描写这一抽象概念变得直观形象、浅显易懂，帮助学生在轻松氛围中认识肖像描写，了解肖像描写的作用及其描写角度，有效调动学生参与学习的兴趣和积极性。】

三、小试身手，交流感悟（15分钟）

1. 结合《自题小像》一诗，细心观察文学家鲁迅的人物照片和肖像漫画，尝试给鲁迅"画"像。

（1）理解小诗《自题小像》，了解鲁迅的性格特点。

课件出示：

自题小像

鲁迅

灵台①无计逃神矢②，风雨如磐③暗故园。

寄意寒星④荃⑤不察，我以我血荐轩辕⑥。

[注释] ①灵台：指心灵。②神矢：爱神之箭。③风雨如磐：比喻国家和民族灾难的深重。④寄意寒星：是说作者当时远在国外，想把自己的一片爱国赤诚寄托天上的寒星，让它代为转达给祖国人民。⑤荃：香草名，这里借喻祖国人民。⑥轩辕：指代祖国。

师：老师请一位同学朗读这首小诗。

生：（朗读）

师：同学们能理解这首诗的内容吗？

生：我的心无法逃避爱神射来的神箭，我炽爱着仍遭受侵略和封建压迫的家园。这份情感寄托给天上的星星却没有人明了，我誓将我的一腔热血报效我的祖国。这首诗写出了作者满腔的爱国热忱，表达了作者为国捐躯、矢志不移的决心。

师：你的理解非常棒！你从这首诗中读出了一个怎样的鲁迅先生？

生：我读出了一个爱国的鲁迅先生。

师：你是从哪里读出来的？

生："我以我血荐轩辕"，这里的"荐轩辕"就是把自己奉献给自己的祖国。

师：一个爱国的，有着赤诚之心的，坚毅的"硬汉"鲁迅。下面，请同学们细心观察鲁迅的人物照片和肖像漫画，尝试写一段肖像描写为他"画"像。给同学们 6 分钟时间。

（2）课堂尝试练笔，为鲁迅"画"像。

2. 全班交流对鲁迅的描写片段，感悟发现。

授课助手投屏，展示学生习作：

鲁迅先生有一对浓密的眉毛，英气逼人，下面一对饱经沧桑的小眼睛，虽小，却很有神。略微有些扁平的鼻梁以及浓黑的胡须仿佛是鲁迅先生的标志物，形成了那严肃的气质，令人不可冒犯。

师：谁来评评看，她写得怎么样？

生：她写得很生动。浓密的眉毛、英气逼人，这是鲁迅的神态。

师：还写了什么？

生：还有对鲁迅眼睛的描写，"虽小，却很有神"。

师："却"，这个转折的词强调了什么？

生：强调了鲁迅先生非常有精神。

师：对，很有精神。这是他外貌的特殊特征。

生：这一段话后面总结了一下，"形成了那严肃的气质，令人不敢冒犯"。从她前面的描写中，着力要表现的就是鲁迅先生"严肃的""令人不敢冒犯"的气质特点。

师：我们发现，在描写人物的肖像时，一定要细心观察，发现人物区别于他人的独特之处，抓住人物的外貌特征；对于人物的外貌，不能泛泛地叙述和描写，要紧扣外貌特征进行具体的描写。尤其要注意的是，我们进行人物的肖像描写，是为了刻画人物的性格，写出人物的特点。我们可以假设，这些方法，是帮助我们写好肖像的……

生：基础。

师：基础？是这样吗？我们要验证一下：我们刚才总结的方法是不是行之有效的？下面，我们要学习阿累在《一面》中对鲁迅先生的肖像描写片段，看他写得怎么样。作者是怎么写的？

【设计意图】"小试身手"的尝试练笔环节，是我们在课堂中进行学情诊断的关键环节。本环节聚焦思想家、文学家鲁迅先生来进行肖像描写的尝试。先是基于《自题小像》一诗帮助学生初步了解鲁迅的性格特点，然后要求学生细心观察鲁迅先生的人物照片和肖像漫画进行尝试练笔。这里看似学生自由练笔，其实暗含了对学生的写作指导。对《自题小像》一诗的理解意在暗示学生肖像描写是为表现人物的性格特点服务的，写作时不但要认真观察人物外貌特征，更要先了解人物的特点。有了这样的巧妙铺垫，接下来的练笔尝试才能有的放矢，学生交流评价，感悟发现才有章可循。】

四、品味经典，学习方法（15 分钟）

1. 出示阿累《一面》中鲁迅的肖像描写，分析肖像描写的精彩之处。

课件出示：

他的面孔黄里带白，瘦得叫人担心，好像大病新愈的人，但是精神很好，没有一点颓唐的样子。头发约莫一寸长，显然好久没剪了，却一根根精神抖擞地直竖着。胡须很打眼，好像浓墨写的隶体"一"字。

——阿累《一面》

（请一名同学朗读这段文字）

师：这是阿累在《一面》中对鲁迅先生的肖像描写，被大家认为是肖像描写的精彩片段。你认为这段描写写出了鲁迅先生怎样的特点？作者是怎样写的？

生：写出了鲁迅先生"面孔黄里带白，瘦得叫人担心，好像大病初愈的样子，但是精神很好，没有一点颓唐的样子"的特点。

师：你能不能再简洁一点？写出了鲁迅的什么特点？

生：精神很好。

师：你从哪里判断，这是作者要强调的鲁迅先生的特点？

生：头发"一根根精神抖擞地直竖着"，看出鲁迅精神很好。

师：对，非常有精神。还有呢？

生：胡须很"打眼"，"好像浓墨写的隶体'一'字"。这里也是为了表现鲁迅先生"精神很好"。

师：对。除了"精神很好"，这里还写出了鲁迅先生的什么特点？

生：瘦。

师：瘦，瘦得叫人担心。为了表现鲁迅的"瘦"，作者又是怎么写的？

生：面孔黄里带白，没有血色的样子，大病初愈的感觉。

师：抓住他的面孔，还有脸色，来写他瘦得叫人担心。

师：可见，这一段中的肖像描写，抓住鲁迅先生的特点就是……

生：很瘦，但是精神很好。

师：为了写出表现鲁迅的特点，作者抓住他外貌的哪些方面来写？

生：面孔、头发、胡须。

师：作者对这三个方面的外貌都有具体的描写，描写的目的还是突出鲁迅"瘦"，但"精神很好"的特点。

2. 明确肖像描写的方法。

师：阿累的这段肖像描写和我们尝试练笔时发现的肖像描写的方法是不是一致的？

生：差不多。我们都是要把特征写得很具体，要围绕人物的特点来写。

师：在写具体之前，我们首先是不是要先发现？

生：细心观察。

师：好！我们来小结一下。这一段对鲁迅先生的肖像描写：（1）抓住人物特点来写——"瘦得叫人担心，但精神很好"；（2）为了表现人物的特点，作者抓住"面孔""头发""胡须"的外貌特征，展开了具体描写——"一根根精神抖擞地直竖着"，"好像浓墨写的隶体'一'字"，写出了一个精神矍铄的"硬汉"形象。阿累这里对鲁迅先生的"画像"，可以让我们感受到先生"硬汉"的一面。

（板书：细心观察，发现外貌特征；紧扣特征，展开具体描写；绘

"形"传"神"，写出人物特点）

3. 结合评价量表，修改对鲁迅的肖像描写。

师：基于以上肖像描写的方法，老师给大家设计了肖像描写的评价量表。请大家根据这个评价量表对自己的练笔进行评价，然后进行修改。给大家3分钟时间，开始。

课件出示：

肖像描写评价量表

描写方法	完全符合	符合	基本符合	不够符合
抓住外貌特征				
展开具体描写				
写出人物特点				

4. 练笔修改交流。

授课助手投屏，评价交流一位同学的修改片段。

原文：那是一位我们十分尊敬的先生。他身材不高，乌黑的头发，有着高高的鼻梁，厚厚的嘴唇上留着"一"字胡须，显得很有精神。他常常穿着一件单衣，或黑或白，手中常常拿着一卷书。他是谁？没错，他就是我们尊敬的鲁迅先生。

添加了两处修改：

（1）这成了他在人们印象中不可磨灭的形象。

（2）浓密的剑眉下有一对令人过目不忘的眼睛，眼睛小却炯炯有神。

师：我们先看她的评价量表，两项符合，一项"具体描写"基本符合。后面添加的两处是你修改的是吗？请你来给我们解释一下。

生：我在前面加了"眼睛小却炯炯有神"，通过眼睛"小"来反衬"有神"的特点。

师：嗯，你用了反衬的手法。

生：因为我感觉外貌描写之后，直接写穿着，好像转得太快了，所以应该小结一下。

师：嗯，肖像描写是有一定顺序的，特别好。

生：我还把"浓密的剑眉下有一对令人过目不忘的眼睛"添在"眼睛小却炯炯有神"前面。因为他的眉毛是浓密的剑眉，更能凸显出鲁迅先生严峻的形象。

师：嗯，一个严峻的硬汉形象。我发现你除了肖像描写，还有"他常常穿着一件单衣，或黑或白，手中常常拿着一卷书"这样的句子。

生：读书人平时都是很爱看书的。

师：看来你还加入了自己的想象，是这样吗？非常棒！

……

授课助手投屏另一个学生的修改，并进行点评。

……

5. 小结交流评价，补充介绍肖像描写的其他方法。

师：通过修改交流，我们发现，肖像描写不但有我们本节课中强调的这几种方法，还有其他的一些方法。比如，在写人物的外貌特征时要有一定的顺序；肖像描写不是孤立存在的，它还要和人物的语言、动作描写结合起来，人物的特点才能更加丰满。尤其要注意的是，肖像描写还要结合特定的事件，把人物放在特定的事件中写，才能把人写"活"，写出"他自己"。

【设计意图：本环节以阿累《一面》中对于鲁迅肖像描写的片段为范例引导学生进行深入的分析和思考，围绕"这段肖像描写写出了鲁迅先生的什么特点？作者是怎么写的"这一组问题逐步展开品读分析，引导学生借助肖像描写的经典片段中的写作方法来印证自己之前对于写作实践的探索，进而明确肖像描写的方法，可以帮助学生顺利实现写作方法由个体感悟发现到集体共识达成的目标。】

五、以"神"绘"形"，再次"画"像（3 分钟）

1. 结合具体事件，了解鲁迅的另一面形象特点。

课件出示：

一点钟以后，送我（还有别的朋友）出来的是许先生，外边下着小雨，弄堂里的灯光全然灭掉了，鲁迅先生嘱咐许先生一定让坐小汽车回去，并且一定嘱咐许先生付钱。

——《回忆鲁迅先生》

爸爸跑到伯父家里，不一会儿，就跟伯父拿了药和纱布出来。他们把那个拉车的扶上车子，一个蹲着，一个半跪着，爸爸拿镊子夹出碎玻璃片，伯父拿硼酸水给他洗干净。他们又给他敷上药，扎好绷带。

——《我的伯父鲁迅先生》

爸爸放完爆竹，轮到伯父放花筒了。火花在我们眼前飞舞，艳丽的色彩映照在伯父的脸上。我突然注意到他脸上的表情，那么慈祥，那么愉快，眉毛、眼睛，还有额上一条条的皱纹，都现出他心底的欢笑来。他的脸上充满了自然而和谐的美，是我从来没看见过的。

——《我的伯父鲁迅先生》

2. 请运用肖像描写的方法，再次为鲁迅"画"像，表现鲁迅先生亲和、热心、慈爱的形象特点，并结合评价量表进行修改。

师：我们在这一节课中所感受的鲁迅的形象，是一个充满爱国激情的，有着一颗赤诚之心的，一个严肃的、坚毅的"硬汉"鲁迅。除此之外，从以上三个具体事件中，你又读出一个怎样的鲁迅？

生：鲁迅先生对待朋友和亲人，对待底层民众十分慈祥，他还有平易近人、热心慈爱的另一面的形象特点。

师："横眉冷对千夫指，俯首甘为孺子牛"，这句话是鲁迅精神的写照。鲁迅先生对待敌人，对待朋友和亲人，是截然不同的。当我们要表现同一个人物的不同特点时，肖像描写还会和之前的一样吗？

生：不一样了。

师：为什么？

生：因为肖像描写是为人物特点服务的。

师：非常好！

2. 请运用肖像描写的方法，再次为鲁迅"画"像，表现鲁迅先生亲和、热心、慈爱的形象特点，并结合评价量表进行修改。

【**设计意图**："再次为鲁迅'画'像"这一作业环节的设计不只是承担了作业布置的功能，更是对于本节课教学重点的强调。除了要让学生运用肖像描写的方法进行写作训练，也是要向学生强调，肖像描写是为表现人物特点服务的。"横眉冷对千夫指，俯首甘为孺子牛"，这是鲁迅先生两种截然不同的形象特点。人物特点不同，以"神"绘"形"肖像描写也应该随之而变化。另一方面，也是要提醒学生，要真正写出人物的特点，写活人物，还要结合人物的特定事件来写。把人物放在特定的事件中写，才能把人写"活"，写出"他自己"。】

六、作业布置

课后继续完成课堂的写作和修改任务。

板书设计：

给人物"画"像

——人物的肖像描写训练

细心观察，抓住外貌特征

紧扣特征，展开具体描写

以"形"绘"神"，写出人物特点

《给人物"画"像》教学反思

　　本节作文教学是基于初中语文课程标准和统编教材七年级上册第三单元"写出人物特点"的写作要求来设计的。对于七年级的学生而言，记叙文写作除了记事，也常常需要写人。要写活一个人物，首先要抓住人物特点来写，写出他独特的一面。人物的肖像描写可以说是人物特点的外在表现。成功的肖像描写可以帮助我们通过绘"形"来传"神"。基于此，我们尝试把肖像描写这一写作训练和统编教材七年级上册第三单元作文训练"写出人物特点"有机地结合起来，设计了本节作文教学。

　　本节作文教学，力求教学目标清晰而集中。归纳起来，肖像描写的方法除了本节教学所强调的几点方法之外，还有其他的写作方法。比如，要注意描写的顺序，要恰当地运用修辞手法，要和其他的描写相结合，要和人物的特定事件相结合等。由于受教学时间的限制，如果在一节课中这些方法都涉及，势必只能蜻蜓点水。基于对七年级教材和学生学情的分析，我们选取其中的三点肖像描写的方法来着力学习，并尝试运用于写作实践中。清晰而集中的教学目标设计，使得整节课教学重点突出，教师教得相对轻松，学生深度参与，学有所获。

　　本节作文力求教学过程层层深入，环环相扣。"小试身手，交流感悟"环节，是学生在了解肖像描写及其作用基础上的尝试练笔；"品味经典，学习方法"环节，是引导学生借助经典片段印证自己写作实践的探索，进而明确肖像描写的方法；"评价修改，交流提高"环节，是学生首先借助这一学习支架进行自我评价，然后基于评价进行练笔修改和交流；以"神"绘"形"，再次"画"像，不仅承担了作业布置的功能，更是对于本节课教学重点的强调。整节课教学围绕"如何给人物'画'像"这一核心问题逐层深入地展开，逐步引导学生进行写作的实践——反思——实践的训练过程，有效关注了学生的学习经历。

评价量表的设计，直观形象，简洁明了，为学生修改肖像描写的练笔提供了一个有效的学习支架。基于肖像描写的方法设计，评价量表引导学生从三个维度来进行自我评价，然后紧扣"细心观察，抓住外貌特征；紧扣特征，展开具体描写；以'形'绘'神'，写出人物特点"等角度进行有针对性的习作修改和评价交流。这一学习支架的搭设可以帮助学生明晰思维的方向，提升课堂交流发言的质量，聚焦肖像描写的方法进行写作的反思和运用。在交流过程中，课堂因有效生成而迸发出生命的活力。他们不但关注了课堂中强调的肖像描写的几点方法，还关注了肖像描写的顺序，肖像描写还要和人物的动作、语言等其他描写结合起来才能使人物的特点更加丰满。

◇专家评课

（一）课例概况

本课是人教版七年级第一学期第三单元的写作——写人要抓住特点板块的内容。黄继玲老师通过这堂写作指导课的教学，意在培养学生仔细观察，抓住人物特点，细致地塑造人物形象的写作能力。教学目标聚焦，能力训练点集中，教学方法形象生动有趣，教学过程清晰，富有逻辑性。

（二）教学特点

学生在习作过程中，一旦解决了"写什么"的问题，面临的最大问题就是"怎么写"了。学生写作的实际情况是，大部分同学在习作中不会抓细节对人物进行细致刻画，尤其是通过这些细节描写刻画出人物的性格品质或者精神风貌。黄继玲老师设计的这堂《给人物"画"像》课，恰恰解决了如何抓住人物的肖像特征进行描写，"画"出人物形象这一问题。

本课具有以下几个方面鲜明的特点。

1. 遵循课程又创造课程

黄老师抓住孩子们的好奇心强这一特点，利用猜文学形象的生动教学导入新课学习，激发孩子们强烈学习兴趣的同时，引导他们思考与表达，再运用反弹琵琶的形式来引出肖像描写要抓人物特征。这堂课从口头表述到落笔成文的过程中，黄老师注重以方法学习、提炼为主线，训练有度；以语言学习、训练为核心，关注口头表达、书面表达反复训练，让学生在一种毫无写作障碍的过程中既把握住了肖像描写的方法，又学会了如何描写人物肖像，遵循了作文教学从说到写的基本原则，打破了传统作文教学从内容和形式两方面入手的教学模式。这种教学模式充分调动了学生已有的写作知识，在有趣有效的学习过程中，总结梳理提炼方法，使有关人物肖像描写的知识结构化，并使用这些知识进行实战训练，扎实培养了学生写作能力。

2. 立足教材又超越教材

黄老师巧妙借助鲁迅先生的小像诗、照片、漫画等写作教学素材，通过口头与书面表达相结合的形式给鲁迅先生"画"像，让学生对这堂写作教学兴趣盎然。这些写作素材均来自教材内容，但经过巧妙组合使用，便具有了超越教材的意义。

肖像描写方法的提炼，则引导学生研读《一面》、《我的伯父鲁迅先生》等文中对鲁迅先生外貌描写的经典片段，让学生回顾、总结从经典作品中所学到的方法，"读"有机"写"结合，以"读"促"写"，既符合学生学习心理，打破人物肖像描写的距离感，又有利于学生写作方法的积累和迁移运用。单元教学中"读"与"写"的教学目标一致，体现了统编教材单元教学设计结构化的课程理念，体现了教材编写意图。

3. 夯实教学又创新教学

传统作文教学，往往缺乏教师对学生写作过程的具体指导，或者在写作训练过程中对学生的写作具体指导缺乏好的抓手。本课作文教学，黄老师在肖像描写方法提炼的基础上，进而制订肖像描写评价量表，以便让学生更加明了写作具体要求和评价标准，有利于促进学生的写作实践。在此基础上，再进行自评、互评，促进了师生互动、生生互动。教学理论和实践都证明：集体的活动，充分的交流，课堂开放式的学习氛围，更有利于学生知识的学习和能力的培养，从而实现高效课堂目标。黄老师运用肖像描写评价量表，指导学生修改对鲁迅的肖像描写，是课堂的一大亮点，体现了新课程的理念。

4. 重视方法又淡化方法

"人物的肖像描写训练"这一副标题，具有目标集中、切入点小而精、关注实践等多种特点。教学的前半部分，黄老师侧重借助文本向学生传授方法，方法学习的主线也很明晰，但是到了运用方法的阶段，黄老师就更倾向于学生的自由表达，方法内化于心，表达外化于行，授课过程中，从初稿到修改，看不到方法的生搬硬套，看到的是学生精彩的表达。

（三）教学思考

首先，黄老师的这节肖像描写的作文指导课，课堂重心定位明确，人物肖像描写是这节课的重点，整节课的活动都围绕这一中心。其次，黄老师的课布局合理，层层深入，由浅入深，指导写作的思路也十分清晰：抓特征——排主次——明性格，让学生更加容易接受。最后，黄老师能够抓住学生的兴趣点激发学生的兴趣，使这堂课得以落到实处。黄老师这节课对我们改进传统作文教学模式，积极探索课堂教学新思路有很好的借鉴意义。

课例 2　有条不紊写事情

上海市北虹初级中学　景旭初

◈ 课程说明

　　七年级第一学期第二单元要求学生能条理清晰地写好一件事，并且在此基础上，有一定的描写。但初中低年段的学生，写作上遇到的最大困惑就是很难将一件事情完整地表述清楚。虽然情节有时会设计很多个，但是情节与情节之间并没有紧密的逻辑关联，造成阅读者无法领会写作者想表达的思想。同时，低年段的学生，正处于语文写作兴趣的培养期，所以，写作兴趣的培养至关重要。

　　有趣的情境设置可以激发学生写作热情。重视学生写作过程性的评价，可以让学生充分进行交流，推动师生、生生互动，并指导学生对写作进行修改、调整。《语文课程标准》倡导学生自主、合作、探究式的学习方式，鼓励教师转变教学方式，激发学生的学习兴趣。

　　基于以上考虑，本节课采用《红楼梦》的假想情境，将学生引入课堂学习，逐步提炼出如何将一件事情完整有序地写清楚的写作方法。并且借助《父与子》的漫画，结合故事流程表、情节逻辑关联梳理填空等内容，鼓励学生将所学的写作方法即时运用，提高写作水平。

◇ **教学设计**

【教学目标】

提炼有条不紊写事情的方法，借助看图说话，通过自主学习，运用所学方法，完整地说清一件事情。

【教学重点】

提炼并且运用如何将一件事情完整有序地写清楚的写作方法。

【教学难点】

借助看图说话，通过自主学习，运用所学方法，完整地说清一件事情。

【课时安排】

一课时。

【教学准备】

白板、教学 PPT、学生评价量表。

【教学过程】

一、导入（1分钟）

我们低年级的同学，在写作文的时候往往有一个常见的问题，就是我们很难把一件事情的来龙去脉完整地说清楚。今天我们一起随着刘姥姥来到大观园，一起走进《红楼梦》的世界，通过与《红楼梦》有关的一段情境，学习如何把一件事情完整地说清楚。

二、借助情境，归纳方法（14分钟）

王熙凤是《红楼梦》中一位很有名气的人物，她可是贾府的大管家。她有一个女儿叫巧姐，渐渐长大了，于是王熙凤想找个丫鬟来照看她。贾母就把自己的丫鬟"笨儿"推荐给了王熙凤。可是谁都知道王熙凤不是一个好伺候的主人，要取得她的信任，"笨儿"必须经过好几次考验。现在邀请你作为"笨儿"的帮手，助她一臂之力。我们通过作文学习单，来了解一下今天"笨儿"要完成的任务。

任务一：

贾母要"笨儿"把一件事告诉王熙凤，好让王熙凤去处理。所谓好记性不如烂笔头，于是"笨儿"边走边把这件事情打了一个草稿。但是"笨儿"知道，如果就这样去把这件事汇报给王熙凤，弄不好会被她痛骂一顿，说不定就此被赶出贾府。聪明而又善良的你看出"笨儿"草稿中的问题了吗？你觉得应该如何调整句子的顺序呢？为什么要这样调整？

"笨儿"的草稿：

A. 一早，大丫鬟司棋就打发小丫鬟到厨房打招呼：中午要蒸一碗鸡蛋。大厨柳妈不在，帮厨就随口答应了小丫鬟。

B. 不一会儿，大丫鬟司棋冲进厨房，到处乱翻，找出了几个鸡蛋，当着柳妈的面，全部扔到地上踩碎。

C. 大厨柳妈回来后，帮厨把事情告诉了柳妈。柳妈说：鸡蛋只剩几个了，还要留到晚上给老太太做蛋汤。

D. 吃午饭时，小丫鬟来拿蒸鸡蛋，柳妈说：没有鸡蛋，又买不着，只有请姑娘你省了一顿。小丫鬟说：早上明明有的，现在却说没有，摆明是跟我们作对。

E. 于是司棋与柳妈大吵起来，最后，两个人闹到老太太那里去评理。

F. 小丫鬟与柳妈大吵一架，气呼呼地回去了。

1. 你认为以上情节的顺序应当是（填入相应的字母）

生：正确的顺序应该是 A－C－D－F－B－E。

2. 梳理故事主要情节之间的关联。

帮厨_____，是小丫鬟与柳妈争吵的原因；大丫鬟司棋_____，并将_____，是最终激化矛盾，只能到老太太那里评理的原因。

你完成以上梳理后，可以发现文章的主要情节之间呈现的是_____关系，所以主要情节之间是有逻辑关联的。

师：你是用什么方法进行排序的？

生：按照时间顺序。（板书：按照时间先后发展顺序）

师：这位同学先讲了一点，首先，她观察到了叙事中的时间。我们一起来看一下PPT中草稿的内容，有哪些情节写到了时间？请大家在学习单上也做好圈画。

课件出示："笨儿"的草稿

生：A情节里有"一早"，B情节中写到了"一会儿"，D情节中写到了"吃午饭时"。

师：我们确认我们要完整地叙述一件事情，可以按照时间的先后顺序。除此之外，还可以使用什么方法？

生：还可以按照事情发展的顺序。

师：什么叫"按照事情发展的顺序"？这个方法很笼统，有没有其他更具体的说法？

生：我觉得应该按照人物的情感线索进行排序。

师：这里是写到一些情感的，但还没有形成完整的某个人物的情感线索。

生：我觉得因为司棋踩碎了鸡蛋，所以柳妈才和她大吵起来，这里应该是一种铺垫。

师：是铺垫，但是更重要的是这些情节之间都属于什么关系？

生：因果关系。

师：非常好！我们还可以通过因果关系的推断，将很多情节排列清楚，完整地进行叙事，这确实是一个很好的排序方法。"笨儿"的草稿中有几个主要情节，请同学们说出它们的因果关系。

课件出示：梳理故事主要情节之间的关联。

帮厨未加核实就答应小丫鬟，是小丫鬟与柳妈争吵的原因；大丫鬟司棋未能理智地搞清事情的缘由，并将留给老太太做蛋汤的鸡蛋踩碎，是最终激化矛盾，只能到老太太那里评理的原因。

你完成以上梳理后，可以发现文章的主要情节之间呈现的是 因果关系，所以主要情节之间是有逻辑关联的。

师：先请一个同学试着说说看。

生：首先，因为大厨柳妈不在，只是帮厨随口答应，是小丫鬟与柳妈争吵的原因。其次，大丫鬟司棋把做蛋汤的鸡蛋摔碎，是最后与柳妈闹到老太太那里评理的原因。

师：非常好！因此，我们要完整地讲述一件事情，必须理清这些情节之间的什么关系？

生：因果关系。（板书：理清主要情节之间的因果关系）

3. 整理后"笨儿"的草稿。

一早，大丫鬟司棋让小丫鬟到厨房打招呼："中午要蒸一碗鸡蛋。"大厨柳妈不在，帮厨答应了小丫鬟。

大厨柳妈回来后，帮厨把事情告诉了柳妈。柳妈说："鸡蛋只剩几个了，还要留到晚上给老太太做蛋汤。"

吃午饭时，小丫鬟来拿蒸鸡蛋，柳妈说："没有鸡蛋，又买不着，只有请姑娘你省了一顿。"小丫鬟说："早上明明有的，现在却说没有，摆明是跟我们作对。"

小丫鬟与柳妈大吵一架后回去了。

不一会儿，大丫鬟司棋冲进厨房，把厨房里的鸡蛋全部扔到地上踩碎。

于是司棋与柳妈大吵起来，最后，两个人闹到老太太那里去评理。

老师修改的草稿：

一早，大丫鬟司棋就打发小丫鬟到厨房打招呼："中午要蒸一碗鸡蛋。"大厨柳妈不在，帮厨就笑嘻嘻地随口答应了小丫鬟。

大厨柳妈回来后，帮厨把事情告诉了柳妈。柳妈清了清嗓子，十分严肃地说："鸡蛋只剩几个了，还要留到晚上给老太太做蛋汤。"

吃午饭时，小丫鬟兴冲冲地来拿蒸鸡蛋，柳妈一本正经地说："没有鸡蛋，又买不着，只有请姑娘你省了一顿。"小丫鬟瞬间惊呆了，拉高嗓音叫道："早上明明有的，现在却说没有，摆明是跟我们作对。"

小丫鬟与柳妈大吵一架，满脸通红，双手插着腰，气呼呼地冲回去了。

不一会儿，大丫鬟司棋冲进厨房，到处乱翻，找出了几个鸡蛋，当着柳妈的面，全部扔到地上踩碎。

于是司棋与柳妈大吵起来，最后，两个人互相扭打着，闹到老太太那里去评理。

阅读以上整理后的草稿和老师的改稿后，你觉得完整讲清一件事情还需要适当地对人物增加一些_____，请设身处地地想一想人物当时的画面感。

师：整理后的"笨儿"的草稿与老师的改稿究竟有什么区别？

课件出示：整理后的"笨儿"的草稿与老师的改稿。

生：第一段改文，多了"笑嘻嘻"，第二段多了"清了清嗓子，十分严肃地说"，第三段多了"兴冲冲"和"一本正经地"，以及"瞬间惊呆了，拉高嗓音叫道"，第四段多了"满脸通红，双手插着腰，气呼呼地冲回去了"，第五段多了"到处乱翻"，第六段多了"互相扭打着"。

教师：因此，除了以上两种方法之外，还有哪种方法可以帮助我们更好地叙述一件事情的来龙去脉？

生：我认为我们还应该在叙事的时候，适当地对人物增加一些描写。

师：非常好！描写的种类以及具体的技巧有很多，今天我们主要关注每个人物在具体的处境中会说什么，会做什么，会有怎样的表情，设身处地地想一想，就能初步地对人物进行简单的描写。（板书：要适当地增加一些人物描写）

4. 综合上面的学习，你知道了要把一件事情讲清楚，基本的方法是：①_____，②_____，③_____。

生：我认为基本方法首先是按照时间的先后顺序来进行叙述，其次是注意叙述时应当理清情节之间的逻辑关联，最后是要加入一定的描写。

课件出示：综合上面的学习，你知道了要把一件事情讲清楚，基本的方法是：

按照时间的先后顺序来进行叙述；

理清主要情节之间的因果关系；

还要加入一定的人物描写。

任务基本要求：

①要很好地完成任务，需要你有一定的语言表达能力。

②"三个臭皮匠，赛过诸葛亮"，希望大家能够互相协助，群策群力，为"笨儿"提供最有效的帮助。

【设计意图】教师设计这个任务，主要目的在于借助情境，激发学生学习兴趣，并初步归纳出把一件事情说清楚的最基本方法。首先是要学会按照时间的先后顺序来进行叙述，其次是要注意叙述时应当理清情节之间的逻辑关联，梳理出文章的脉络，即文章的起因、经过、结果这三个重要环节。教师在教学中关注了这两个情节的因果关系：帮厨未加核实就答应小丫鬟，是小丫鬟与柳妈争吵的原因；大丫鬟司棋未能理智地搞清事情的缘由，并将原先留给老太太做蛋汤的鸡蛋踩碎，是最终激化矛盾，只能到老太太那里评理的原因。第三是叙事还要加入一定的描写。通过以上三点可完整讲清事件发展的来龙去脉。】

三、借助方法，巩固所学（25分钟）

我们通过以上的学习，掌握了把一件事情说清楚的基本方法。但是"笨儿"所经受的考验并不只有这一次，请你继续帮助"笨儿"完成第二个任务的挑战，巩固你所学到的能把一件事情说清楚的基本方法。

任务二：

对于你的热心和无私的帮助，"笨儿"非常感激，现在已经得到王熙凤信任的"笨儿"，赢得了照顾巧姐的新任务，她非常高兴，但又很焦虑，生怕不能够胜任这个新的职责。一天，巧姐正在看漫画书，看到一组漫画很感兴趣，缠着"笨儿"讲故事给她听。最让人担心的事情发生了，王熙凤此时也凑了过来，她倒要看看"笨儿"怎样讲。"笨儿"一时也没了头绪，只能暗示你来帮帮她。请你动动脑子，仔细观察下面的这些漫画图片，快给"笨儿"一个令人满意的答案吧！

1. 观察以上图片，完成下列故事流程表：

图片	发生的时间	情节概括
图片一	星期五一大早	
图片二		闯了祸的小明坐在地上苦思对策
图片三	又过了几分钟	
图片四		小明拿来自己的画笔，回忆起爸爸早上上班前照镜子时的容貌，在墙上画了一幅爸爸带黑色领结的油画，栩栩如生
图片五	上班前	
图片六		小明趁爸爸还未反应过来，及时溜走

生：星期五的早晨涉及的主要情节应当是儿子小明在家里打高尔夫球，他并没有注意到他的旁边有一面镜子。很快悲剧就发生了，他把这面镜子给打碎了。儿子蹲在地上，非常焦虑。托着下巴思考这个情节，对应的时间应当是过了几分钟。又过了几分钟，这个时间，对应的情节应当是儿子灵光一现，一不做二不休，干脆挥舞着他的高尔夫球棒，把镜子完全打碎了。小明从房间里拿出了自己的画笔，因为他知道爸爸平时都是戴黑色领结的，所以按照爸爸早晨上班前照镜子时的容貌，在墙上画上了一幅爸爸戴着黑色领结的画像，栩栩如生；对应的时间应当是打碎玻璃后。上班前，对应的情节应当是爸爸拿出了自己新买的花色的领带，非常得意地在镜子前给自己戴上，一开始并没有发现镜子其实碎了。就在这时，爸爸发现今天明明戴的是花色的领带，为什么镜子里的自己却戴着以前黑色的领结，以及儿子小明见状，撒腿就溜走了的情节，对应的时间应当是爸爸照镜子时。

2. 梳理故事主要情节之间的因果关系。

因为星期五一大早_____，所以_____。

因为小明的这个举动，所以_____。

又因为上班前_____，所以小明趁爸爸还未反应过来，及时溜走。

生：因为星期五一大早，小明使用高尔夫球棒打碎玻璃，所以他选择用画像掩盖自己的错误。又因为小明的这个举动，所以爸爸没有发现玻璃碎了，照常在镜子前打扮。最后因为上班前，爸爸发现"镜子"里的黑色领结与今天他戴的花色领带不同，所以小明趁机溜走了。

课件出示：梳理故事主要情节之间的因果关系

因为星期五一大早，<u>小明使用高尔夫球棒打碎玻璃</u>，所以<u>他选择用画像掩盖自己错误</u>。

因为小明的这个举动，所以<u>爸爸没发现玻璃碎了，照常在镜子前打扮</u>。

又因为上班前，<u>爸爸发现油画上的黑色领结与自己今天带的花色领带不同</u>，所以小明趁爸爸还未反应过来，及时溜走。

3. 适当增加一些人物描写，请你将这个故事在同桌面前完整地讲述出来。

生：星期五的早晨，儿子小明在家里打高尔夫球，并没有注意到他的旁边有一面镜子。很快悲剧就发生了，他把这面镜子给打碎了。这时离爸爸上班出发只有十几分钟了，儿子蹲在地上，非常焦虑，托着下巴思考着。因为他知道如果爸爸待会儿照镜子，一定会发现镜子被他打碎的事实。所以又过了几分钟，儿子灵光一现，一不做二不休，干脆挥舞着他的高尔夫球棒，把镜子完全打碎了。大约七点二十左右的时候，小明从房间里拿出了自己的画笔，因为他知道爸爸平时都是戴黑色领结的，所以按照爸爸早晨上班前照镜子时的容貌，在墙上画上了一幅爸爸戴着黑色领结的画像，栩栩如生。终于到了爸爸上班前照镜子的时候，可是这一天与往常不太一样，爸爸拿出了自己新买的花色领带，非常得意地在镜子前给自己戴上。就在这时，爸爸发出了非常惊讶的声音，他张大嘴巴说道："咦！我今天明明戴的是花色领带，为什么镜子里的我却戴着以前黑色的领结呢?"儿子小明见状，撒腿就溜走了。

师：这位同学在叙述中根据人物当时的具体情境，加以合理想象，适当地增加了一些人物描写，较好地落实了我们之前学习的进行完整叙事的方法。

任务基本要求：

①能够关注故事发生的时间，并且关注故事情节之间的逻辑关联。

②能够根据以上图片，发挥一定的想象力，适当增加描写，完整地叙述一件事情。

【设计意图：此处的设计意图是借助《父与子》的漫画，一是引导学生运用所学写作方法尝试完整地叙述一件事情，教师在教学中应当提醒学生关注此前已经学习的方法，二是引导学生仔细观察图片中人物行为之间的因果关系，儿子小明使用高尔夫球棒打碎玻璃是他选择用画像掩盖自己错误的原因。因为儿子的这个举动，所以爸爸没发现玻璃碎了，照常在镜子前打扮。同样，爸爸发现画像上的黑色领结与自己今天带的花色领带不同，是儿子小明趁爸爸还未反应过来，及时溜走的原因。】

这次王熙凤决心好好考验"笨儿"了，她使出了"撒手锏"，不仅要说出漫画中的故事，还想让"笨儿"把这些故事写给巧姐看，为她今后继续浏览这些漫画提供方便，请你继续帮助"笨儿"。请仔细观察下面的漫画，运用给每幅画写一到两句话的形式，用自己的文字把这个故事讲一遍。老师会选择一位同学的故事进行分享，如果你没有被选中，成为被分享故事的那位同学，也不要着急，不用气馁！请你使用下面的评价表格，对上讲台分享创作故事的同学的学习成果，进行个性化的评价和修改吧！

①＿＿＿＿＿；②＿＿＿＿＿；③＿＿＿＿＿；

④＿＿＿＿＿；⑤＿＿＿＿＿；⑥＿＿＿＿＿。

师：老师借助白板，把班级中一位同学的学习成果分享一下，我们看看有什么问题。

课件出示：班级中一位同学的学习成果与学生评价表格

生：她的成果中，时间有遗漏，而且主要情节之间的逻辑关系不清晰。

师：请你按照评价表格的要求，进行修改。

生：首先我觉得时间可以分成三部分，一个是第一、二幅图片，这两幅图片，可以定下星期天的晚上这个时间。而第三、四幅图片，时间应当是第二天白天。而第五、六幅图片，时间可以定为第二天的傍晚或者晚上。而且我觉得每两幅图片之间都存在因果关系，儿子不会做作业，是爸爸替他完成的原因。第二天作业完成情况不理想，是老师来家访的原因。第二天傍晚，老师得知作业是爸爸完成的，才是老师打爸爸屁股的原因。

师：那你能不能加点人物描写，将你自己写的故事分享一下。

生：星期天的晚上，在灯光下，儿子小明正在完成数学作业。爸爸想来看一看小明数学作业的情况。他踱步到课桌前，却发现儿子一道数学题都不会做。由于看到了这一幕，所以爸爸决定发挥自己的聪明才智，迅速拿出自己工作时使用的钢笔，在短短的十几分钟内，替儿子完成了所有的数学作业。这时，他得意地笑出了声。到了第二天，也就是星期一的一大早，老师仔细检查学生们的作业时，却发现小明的作业做得非常不理想，顿时皱起了眉头，满脸涨得通红。一气之下，严厉地批评了小明。到了傍晚时分，老师决定到小明的家里去向他的家长告状。老师用力地揪着小明的耳朵，与他一起快速地奔向了他的家里。大约傍晚时分，老师按动了小明家的门铃，就在爸爸打开房门的那一刻，小明轻轻地嘟囔着："老师，其实我的作业是爸爸做的。"爸爸因此吓了一大跳。老师听到这句嘟囔后，更加火冒三丈，头发都快顶破他的帽子了。他伸出手指，指着爸爸的鼻子说："你怎么可以帮自己的儿子做数学作业！更可气的是，做那么简单的题目，居然还做错了那么多！你都那么大的岁数了，你怎么可以……"老师越说越气愤，干脆用力将爸爸按在他家的桌子上，狠狠地打了爸爸的屁股。

写作评价量表：

找出时间顺序混乱处	找出逻辑关联不清晰处	找出语言不通顺、语序不合理处
修改：	修改：	修改：

【设计意图：本环节的目的在于借助写作评价量表，以学生评价写作成果的形式，巩固所学的写作方法、路径等知识，进一步强化学生完整叙事的写作能力。教师在具体课堂教学中，应当允许学生对图片有个性化的解读与个性化的说话和写作，但是必须基于符合常理的认知。也就是说，

既有一定的多元性，也有一定的统一性。使用评价量表的目的，不仅有利于学生自评、互评，而且借助多种形式的评价，可引导学生去关注评价量表背后所隐含的学习方法，巩固所学知识。】

四、教师总结

我们今天的几项任务完成得很精彩。通过今天的这三项任务，我们学习了如何把一件事情讲清楚的基本方法，首先是按照时间的先后顺序来进行叙述，其次是理清情节之间的逻辑关联，梳理出文章的脉络，最后为了使文章更有画面感，我们需要发挥一定的想象力，适当地增加一些描写。当然，把一件事情讲清楚并不是只有这些方法，推荐大家阅读教学资料《如何写好一件事》，可以从中借鉴更多的写作方法，提高我们的写作水平。

五、作业布置

在课堂学习任务二或任务三中，任选一个进行加工，可自拟题目，写成一篇小作文，字数不少于 500 字。

板书设计：

如何把一件事情讲清楚

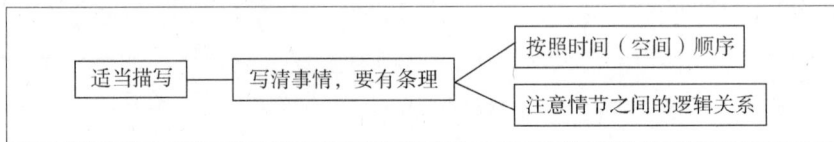

```
┌─────────────────────────────────────────────────────────┐
│                                    ┌→ 按照时间（空间）顺序  │
│  适当描写 ← 写清事情，要有条理 ←                            │
│                                    └→ 注意情节之间的逻辑关系 │
└─────────────────────────────────────────────────────────┘
```

◈ 教学反思

设计这样一堂作文课，我的意图是在情境中引导学生进行写作方法归纳和训练。在教学中，我创造性地设置了一个与《红楼梦》有关的虚拟情境，以核心人物"笨儿"遇到的三次挑战，引导学生首先归纳出如何把一件事情说清楚的三种基本方法，继而运用这三种方法，并借助漫画《父与子》的两组图片，鼓励学生自主建构故事情节。传统的作文教学，其难点之一，往往是如何激发学生对写作的兴趣，遇到写作，学生总是面露难色。而这种情境式学习对于激发学生对作文课的兴趣起到了很大的促进作用。

其中最让人印象深刻的教学片段，是学生在我的引导下，对"笨儿"的草稿进行排序。我设计"笨儿"草稿的最重要的目的，在于解决七年级的部分学生存在作文内容啰唆，诸多情节与文章主题无关的问题。究其原因，一方面，是因为学生写作时并未关注这些情节设置的目的是围绕着文章主旨的，但另一方面，如果情节之间没有逻辑关联，最终也无法形成起因、经过、结果这三项叙事的关键要素。在教学中，我重点引导学生梳理出几个情节之间隐含的因果关系。帮厨未加核实就答应小丫鬟，这是小丫鬟与柳妈争吵的原因。同样，大丫鬟司棋未能理智地搞清事情的缘由，并将原先留给老太太做蛋汤的鸡蛋踩碎，是最终激化矛盾，只能到老太太那里评理的原因。并鼓励学生借助"因为""所以"这一组关联词，将重新排序后的草稿，再次完整地进行复述。这些教学方法，使得学生养成在写作时关注每个情节之间应当存在一定逻辑关联的习惯，对于提升学生作文叙事的完整性、逻辑性，减少无意义的赘笔，提供了很大的帮助。

其次，我力图做到任务与任务之间具有层次性。第一个任务，借助"笨儿"存在错误的原始草稿，在不断的引导启发中，由浅入深地梳理出相关写作方法。"笨儿"草稿的顺序重组最容易让学生想到的是情节应当有时间顺序和逻辑关联，情节与情节之间往往存在一定程度的因果关系，没有一个情节是多余的。其后的两个任务，都与《父与子》的漫画相关，似乎相类似，但是仔细观察，可以发现其中的区别。第一个任务，我显然意识到学生并非给予方法就能熟练运用，甚至学生在具体的实践中，会忽视这些写作方法。因此，设置了一个故事流程表，作为一种学习支架，引导学生重点关注故事情节发生的时间，以及情节与情节之间的逻辑联系。而第二个任务，才给予学生更大的发展空间，鼓励学生发挥想象力，将六幅图片的相关情节，写成一个完整的故事，并适当地增加一些简单的描写。当然，这种发展空间的给予，不是完全放手，我依然在具体教学中，引导学生重点关注故事的时间顺序，和主要情节之间的逻辑关联。

此外，我力图通过作文评价量表的设置，改变传统作文"教"与"学"的方式。首先它能激发学生本身对其他学生学习成果的关注，提高课堂互助学习的质量。其次，在这张表格中，评价维度依然是围绕课堂中重点学习的三种方法进行设置的，因此，有利于巩固学生对写作方法的学习运用，并逐渐内化为他们的写作能力。

◆专家评课

（一）课例概况

这是一堂符合语文新课程理念，落实统编教材写作教学内容，符合初中低年段学生写作实情的作文教学课。这堂课教学目标明确，教学重难点分明，教学过程清晰，教学环节环环相扣，逐步推进，富有逻辑性。课堂教学中的情景设置，激发了学生的写作兴趣；写作评价量表的使用，有效带动了学生的写作实践活动。总之，这是一堂高效有趣的作文教学课。

（二）教学特点

本节写作课的课题是：有条不紊写事情——如何把一件事情讲清楚，

教学重点在于：学习将一件事情完整有序地写清楚的写作方法。

写作对于大部分的初中生而言是一件难事，难在无事可写，更难在有事也不会写。而对于如何有条不紊地将一件事情写清楚，要解决的是学生学习怎么写的问题。这种写作方法的指导，对于初中学生而言是抽象的理论。景老师的这节课，从学生的学习经历出发，创造性地设计了符合写作规律的作文指导课，借助与《红楼梦》有关的一段情境，学习如何把一件事情完整地说清楚。设计了符合学生心理特点的任务单形式，引领学生探寻写作规律。

本节课教师的教学智慧体现在：

首先，能为学生设置一个进入学习环节的情境，并让这个情境贯穿于整节课，使本堂课节奏流畅，一气呵成。

这种情境教学法，是建构主义学习理论运用于现实教学的一个样例。建构主义学习理论认为，学习者与周围环境的交互作用，对于学习内容的理解起着关键性的作用。建构新知识的本质应当是学生原有图式受到外界环境变化与刺激，从而进行自主顺应之后，产生新的平衡，建构出新的图式。故这个情境的设计使得学生迅速进入"帮助者"模式，而教师也通过这一环节的设置，有效地引导学生自主完成了明确把一件事情说清楚最基本的方法的提炼，建构出了新的知识。

其次，善于调动学生原有的知识和经验，去解决新的问题。

景老师借助写作的基本方法，以巩固所学为目的，提醒学生关注此前已经学习过的写作方法，重点是引导学生仔细观察图片中人物行为之间的因果关系。教师通过这一环节，既检验前一个阶段的教学效果，又通过新的学习任务，加深了学生对写作知识的理解，从而逐渐内化出一种真正的写作能力。

再次，智慧运用作文评价量表，进行作文升格指导。

第三环节是教师的作文升格指导。这一环节中的亮点在于：评价量表的使用。写作本就是一件个性化的事，借助评价量表的使用，引导学生去关注评价量表背后所隐含的学习方法，起到巩固所学知识的作用。

这一设计的效果，也在课堂教学的互评过程得到了很好的体现。运用评价量表对文章做出有针对性的修改，借助修改作文的基本思路和方法过程提出修改要点，可以帮助教师更有针对性地进行作文教学，促使学生更有方向地进行写作。

（三）教学思考

作文训练怎么上才有效？这节作文训练课给了我们很好的启发。

首先，遵从写作规律，以基本方法学习为引领，提升学生的写作兴趣，是一条有效途径。教师作为学生学习的引导者，引导学生自主建构出一条写作路径，并迁移到今后的写作实践中，是重中之重。

其次，情境教学法的导入，一方面可以激发学生对写作的兴趣，跳出学生视写作为畏途的泥淖。另一方面，借助情境的引入，锻炼学生在具体情境中建构新图式与解决问题的能力。

再次，评价量表尝试于写作教学，转换了评价视角和评价主体。评价视角从教师观察学生转向了学生观察学生，评价主体从作为读者的教师，转化为作为作者的学生。这两方面的转换，减轻了学生学习写作的压力，也激发了借鉴评价他人成果、改善自己习作的积极性。

课例3　举手投足展性情

上海市复兴实验中学　黄继玲

◇ 课程说明

　　动作描写是刻画人物的重要方法之一。如果说肖像描写主要是描绘人物的静态，动作描写则贵在确切生动地表现人物的动态。如果能将多种人物描写手法综合灵活运用，动静结合，以动衬静，以静显动，读者所感受到的人物形象就可以栩栩如生。因此，动作描写和肖像描写一样，也是初中学生亟待训练的一个写作能力点。基于初中语文统编教材和具体学情的考虑，本节课的教学设计力求紧扣教材范例文本，贴近学生生活。本次写作训练抓住教材中的经典语段，对朱自清先生的《背影》中动作描写的片段进行品读，从而引导学生学习动作描写的方法。练笔则是聚焦在学生熟悉且喜爱的110米跨栏高手刘翔的起跑上，教师通过尝试练笔——交流感悟——学习经典——修改提高等教学环节一步步对学生写作进行过程性的指导，帮助学生掌握动作描写的方法，学会通过动作描写来展现人物的性格特点。

◇ **教学设计**

【教学目标】

1. 欣赏经典动作描写，体会动作描写的作用，学习动作描写的方法。

2. 能在写作实践中灵活运用动作描写的方法来表现人物的性格特点。

【教学重点】

学习动作描写的方法，能在写作实践中灵活运用动作描写的方法来表现人物的性格特点。

【教学难点】

学习将动作分解细化，写出人物具体连贯动作。

【课时安排】

一课时。

【教学准备】

教学 PPT，白板，授课助手，写作评价量表等。

一、激趣导入，了解动作描写（3分钟）

1. 游戏表演，激趣导入

课件出示抓耳挠腮、前俯后仰、左顾右盼等常用的表示动作的成语，请一名学生根据所给成语表演相关的动作给同学们看。追问：做好这个游戏的关键在哪里？

师：老师想请大家做一个小游戏。下面，我们先请一位同学上台表演几个成语，同学们猜猜看，看谁能又快又准地猜出他表演的是什么成语。

（一位同学上台做动作表演）

生：抓耳挠腮。

生：前俯后仰。

生：左顾右盼。

生：东张西望。

生：挤眉弄眼。

师：前两个动作同学们的判断非常一致，为什么大家对于第三个动作的答案不一致了呢？

生：他表演的时候在挤眼睛，所以我们想有可能是挤眉弄眼。另外，他还在左右张望，左顾右盼和东张西望意思是相近的，所以出现了三个答案。

师：说得很棒！刚才那位同学没有把第三个动作表演得准确到位，所以我们有了不一致的答案。那么我们在写作时，怎样写才能把一个人的动作写得准确到位呢？这就是我们今天要学习的。

2. 板书课题：举手投足展性情——人物的动作描写训练

课件出示：

举手投足展性情
——人物的动作描写训练

3. 初步了解动作描写及其作用

师：什么是动作描写？动作描写有什么作用呢？

课件出示：

动作描写是指描写人物富有特征性的动作，是刻画人物的重要方法之一。成功的动作描写可以鲜活地展现人物的性格、品质、身份、地位、处境和状态，有的动作描写还能推动情节的发展。

（生齐读动作描写及其作用）

师：既然动作描写对于刻画一个人物如此重要，我们就很有必要学习它，学会在写作中恰当地运用动作描写。

【**设计意图**：首先请一位同学上台表演成语，大家猜猜看他表演的是什么成语，引导学生在轻松有趣的小游戏中，初步了解动作描写，克服写作训练中存在的畏难心理。在教学中，要针对学生猜成语的情况进行及时反馈和追问。如果学生猜测的答案一致，可以追问思考：做好这个游戏的关键在哪里？如果在猜测过程中，学生的答案不一致，可以追问原因：为什么会有不一致的答案？引导学生体会到动作表演的准确到位是猜对游戏的关键，引导学生聚焦"动作描写"这一教学目标来展开教学。】

二、小试身手，尝试练笔（10分钟）

1. 观察刘翔起跑的图片，尝试对他的起跑动作进行描写（5分钟尝试练笔）

师：接下来，我们来小试身手。请你根据这两幅图片写一段动作描写。

师：我们首先看，他是谁？

生：刘翔。

师：对！他最擅长的，也是我们最崇拜的是110米跨栏。他最有特色的就是起跑和跨栏。请你根据这两幅图片，描写一下刘翔的起跑。

2. 交流评价（5分钟）

师：我们来一起看一个同学的尝试写作。

一生朗读自己的练笔，授课助手投屏学生练笔：

刘翔起跑前精神抖擞，双手有力地放在大腿两旁，身子半蹲着，起跑时步子跨得非常大，双手用力地摆着，速度特别快，像一支离弦的箭。

师：谁来评一评。

生：我觉得有几个词语写得特别好：精神抖擞，像一支离弦的箭等。

师：嗯，他用了哪些动词？

生：步子跨得非常大。跨，还有"半蹲着"。双手用力地摆着。

师：你认为他用了一些动词，用了一些恰当的修饰语，还用了比喻的修辞手法。是这样吗？

生：是的。

师：谁还有其他的看法？

生：我认为他有些地方可以修改一下。比如说，步子跨得非常大，表现力不够强，写得比较笼统。可以用比喻的修辞手法，或者是用一些更准确的词来描写。

师："步子跨得非常大"写得比较笼统，不够具体。他是怎么跨的？可以再写得具体些，对吗？

生：对。

师：还有吗？

生：他是按照一定的顺序来写刘翔的起跑的，起跑前怎么样？起跑时怎么样？写得很具体。

师：是的，按照一定的顺序来写动作，尽量把动作写具体，这两点做得不错。"双手有力地放在大腿两旁"，"放"这个词用得合适吗？到底什么样的动作描写才更好一些？动作描写有什么诀窍吗？下面，我们来品读一个经典的动作描写片段，学习如何进行动作描写，然后再来修改我们的小练笔。

【设计意图：学生在初步了解动作描写及其作用基础上，观察刘翔起跑的图片，尝试对他的起跑动作进行尝试练笔。教师给学生5分钟时间进行尝试练笔写作，然后引导学生聚焦一两个学生的练笔片段进行评价交流。教师在学生评价交流的过程中，要适时注意指导学生用规范的语言进行表达，引导学生感悟发现动作描写的一些有效方法。教师要从这一环节中准确把握学生动作描写的学情基础，进行写作指导的准确诊断，为接下来的"品读经典，学习方法"的教学环节做好铺垫和准备。】

三、品读经典，学习方法（12分钟）

1. 品读《背影》中动作描写的片段，找出关键动词，理解主要内容

课件出示：

我看见他……蹒跚地走到铁道边，慢慢探身下去，尚不大难。可是他穿过铁道，要爬上那边月台，就不容易了。他用两手攀着上面，两脚再向上缩；他肥胖的身子向左微倾，显出努力的样子。

——朱自清《背影》

师：先请一位同学朗读这一段文字。

生：（朗读略）

师：这一段动作描写，给我们展示了一个怎样的情景？

生：朱自清的父亲穿过铁道为儿子买橘子的情景。

师：读到这个情景，你的感受是什么？

生：朱自清先生用了一连串的动词，生动地写出了父亲买橘子时的不容易。

师：你说用了一连串的动词，我觉得"一连串"这个修饰语非常恰当。你能为我们找一下这些动词吗？

生："走""探身下去""穿过""爬上""攀着""缩""微倾"等。

这些动词写出了朱自清的父亲穿过月台买橘子很不容易。

师：这是一个感人至深的背影。

2. 赏析动作描写的精彩之处，学习动作描写的方法

（1）品读关键语句，体会动作描写用词的准确

课件出示：

原句：蹒跚地走到铁道边，慢慢探身下去，尚不大难。可是他穿过铁道，要爬上那边月台，就不容易了。

改句：蹒跚地走到铁道边，慢慢下去，尚不大难。可是他走过铁道，要爬上那边月台，就不容易了。

师：如果把"探身""穿过"改成"走"可不可以？请大家比较阅读上面两句话，说出你的判断和理由。

生：老师，我觉得这样改不好。原文中的"探身"下去，表明父亲下去时非常小心翼翼，要摸索试探着，很不容易。

师：嗯，我们知道父亲的身体是肥胖的，并且月台是有一定高度的。"探身"是要摸索试探着，小心翼翼地下去，更能表现父亲买橘子过程的不容易。

生："穿过"和"走过"也是不同的。"走过"显得比较轻松，"穿过"表明父亲过去给孩子买橘子很不容易。

师：是的，"穿过"表示走的过程更长，更不容易。因为下面有轨道，有枕木，父亲要找好的落脚点才能顺利地过去，"穿过"写出了走的过程的艰难，更能表现出父亲买橘子的过程不容易。

师：可见，我们要想写出准确的人物动作，要抓住人物在特定情境下动作的特征。也就是说，要抓住特征，选择准确的动词。

（板书：抓住特点，选择准确动词）

（2）品读关键语句，学习动作描写分解细化的方法

课件出示：

原句：他用两手攀着上面，两脚再向上缩；他肥胖的身子向左微倾，显出努力的样子。

改句：他爬得很艰难，显出努力的样子。

师：我们把原句改为改句可不可以？为什么？请同学们读一读，说出你的判断和理由。

生：我觉得原句更好。

师：为什么？

生：原句用了"攀""缩""微倾"一连串的动词，写出了父亲爬月台买橘子的过程艰辛。

师：作者在这里用了一连串的动词"攀""缩""微倾"，这就把父亲爬月台的过程用一步一步的分解动作呈现出来。是吗？

生：是的。

师：这就告诉我们，在进行动作描写的时候，为了给人一种如在眼前，如同亲历的感觉，我们可以把一个大动作一步一步分解细化，然后写出具体连贯的一系列动作来。

（板书：分解细化，写出具体连贯动作）

（3）品读关键语句，学习动作描写和其他描写相结合的方法

课件出示：

我看见他戴着黑布小帽，穿着黑布大马褂，深青布棉袍，蹒跚地走到铁道边，慢慢探身下去，尚不大难。可是他穿过铁道，要爬上那边月台，就不容易了。他用两手攀着上面，两脚再向上缩；他肥胖的身子向左微倾，显出努力的样子。这时，我看见他的背影，我的泪很快地流下来了。

师：我们再来看教材原文，前后分别添加了"戴着黑布小帽，穿着黑布大马褂，深青布棉袍""这时，我看见他的背影，我的泪很快地流下来了"两处句子。请同学们再齐读这一段，比较一下，前后加上了这两句

话，又有什么不同？

（全班同学齐声朗读原文）

师：我们先看第一处红色的语句添加了什么？

生：添加了父亲的衣着打扮。

师：对，添加了父亲的肖像描写。加上这样的衣着打扮，你读出了什么？

生：我觉得朱自清的父亲是一个很朴素的人。他"戴着黑布小帽，穿着黑布大马褂，深青布棉袍"，衣服都是布质的，很深的颜色。

师：仅仅是朴素吗？

生：我还看出朱自清的父亲很体面。

师：父亲是一个体面的中老年人。你是从哪里看出来？

生：黑布小帽，黑布大马褂，深青布棉袍，只有体面的人才会有这样整齐的穿着打扮。

师：是的，在当时，一个男子穿着长袍，外面还穿着大马褂，戴着小帽，这是一个比较体面的装扮。父亲也的确是一个比较体面的人。

师：刚才说，父亲衣服的颜色比较深，在当时看来，这可能是一个中老年人的普通打扮，可是联系到事件发生的背景，"祖母死了，父亲的差事也交卸了"，你从这样的衣着打扮又能感受到什么？

生：感受到一种伤痛，悲伤，因为当时父亲的母亲刚刚去世。

师：父亲刚刚丧母，并且自己的差事交卸了，失业赋闲在家。他的压力是很大的，处境是很窘迫的，我们从肖像描写中可以感受到这些。

生：是的。

师：在这样的处境下，体面的父亲还要如此艰难地为"我"买橘子。原文加上父亲的肖像描写，我们更能感受到什么？

生：父爱如山。

师：父爱如山，父爱深沉，令人感动，也让作者非常愧疚。

师：我们再来看一下，后面一句"这时，我看见他的背影，我的泪很快地流下来了"，又写出了什么？

生：又写出了作者的愧疚、感激之情。

师：对的，又直接写了"我"的感受。看到父亲的背影，"我"的泪很快地流下来了，表明父亲的背影是如此感人。这里对"我"的描写其实是对父亲背影的侧面描写。

师：这又告诉我们，人物的动作描写往往不是孤立进行的，如果让动作描写和其他描写综合起来运用，人物形象会显得更加丰满。我们把它作为动作描写的第三点小秘诀。

（板书：引入辅助，添加其他描写或修辞）

3. 小结动作描写的方法

课件出示：

抓住特点，选择准确动词；

分解细化，写出具体连贯动作；

引入辅助，添加其他描写或修辞。

【设计意图】：学生品读《背影》中动作描写的片段，找出其中的关键动词，根据提示进行三处品味语言的比较阅读。学生在比较阅读时分别思考：原句改为改句可不可以？为什么？请说出判断和理由。教师紧扣教材范例《背影》中动作描写的经典片段，反复品味比较阅读，引导学生明晰动作描写的精彩之处：通过比较"穿过"和"走过"不同用词作用，引导学生明了动作描写须抓住特点，选择准确动词；通过"攀""缩""微倾"一连串的动词增删效果不同的比较，引导学生学习动作描写须分解细化，写出具体连贯的动作；通过添加肖像描写和人物的侧面描写的品味，引导学生明白动作描写还要引入其他的辅助，添加其他描写或修辞。在反复品味梳理的基础上，教师引导学生明晰动作描写的三点方法，为接下来运用

评价量表的设计作铺垫。】

四、反思修改，交流提高（14分钟）

1. 再看图片，借助评价量表自评反思

课件出示：

动作描写评价量表：

等第 评价标准	符合	基本符合	不符合
抓住特点，选择准确动词			
分解细化，写出具体连贯动作			
添加其他描写或修辞			

师：我们基于动作描写的方法，设计了动作描写的评价量表。请同学们再看图片，借助评价量表自评反思你刚才的小练笔，然后修改你的动作描写片段。

2. 修改小练笔

3. 交流修改，评价提高

授课助手投屏：

刘翔在起跑线上慢慢蹲下，做出起跑的标准动作。他身体半蹲着，两只有力的手臂撑在大腿两侧。他抬起头望了望跑道，眼睛里透露出必胜的决心。只见刘翔第一个踏出一大步，双手有力地摆动着，他挥洒着汗水，向终点前行，像一支离弦的箭一样飞越了过去，脸上的神情毫不懈怠。

师：我们先看这个同学的自我评价。这三项都基本符合，看她怎么修改的。这是哪位同学的？请你来读一下。

（一位同学读自己的修改片段）

师：我们注意到你修改了三处，请给我们说说你这样修改的原因。

生：第一处这里的"标准动作"我觉得太笼统了，所以添加了一些刘翔起跑时的动作和神情的描写。

师：这里把起跑的准备动作分解为半蹲、撑着，就让起跑的动作更加具体连贯，用词也比较准确。

生：第二处是修辞手法的修改，我原来写的是"像一道闪电"，我觉得不是很恰当。太夸张了些，"像离弦的箭"应该更准确一些。

生：第三处修改，"踏出一大步"后我又把他起跑的动作分解细化，添加了一些动作描写，写出了他跑步时的具体动作和神情。

师：踏出一大步，在起跑的时候，用尽全身的力气，用"踏出"不是很准确。"双手有力地摆动着"，"摆动"还是比较准确，那么"摆动"的时候，我们再来观察图片，他的肌肉状态，他的神情是不是都可以加上去？把动作细化，再加上其他的描写，再加上修辞，刘翔起跑时的精神状态就出来了。

师：我们再看一个片段。

授课助手投屏：

图中半跪的是运动员刘翔，他上身微倾，强壮的手臂用力撑着地面，青筋暴起，嘴唇紧紧地抿着，眼神坚定地望着前方，仿佛连表情都在用力。裁判一声令下，刘翔以迅雷不及掩耳之势冲了出去，速度令人惊叹。他双臂有力地摆动着，每一步都跨出了两步的距离，小腿肌肉用力地鼓起，向胜利的前方奔去。

（一位同学读她的修改片段）

师：这位同学对自己的写作片段的评价，第一项是符合的，后面两项是基本符合的。我们注意到后面两处是后来特意修改的，请给我们说一下修改的理由。

生：我之前只是描写了第一幅图片，没有描写第二幅图片，为了两幅图片的连接，我添加了"裁判一声令下，刘翔以迅雷不及掩耳之势冲了出去"。

师：引入想象，关注两幅图的衔接，非常好。

生：另外，还添加了第二幅图的细化描写。双臂有力地摆动着，每一步跨出了两步的距离，用力地鼓起，向胜利的前方奔去。

师："奔去"这个词是不是可以换一个？

生："冲去"。

师：刘翔以迅雷不及掩耳之势"冲"了出去，比刚才的"奔去"要更有爆发力。

师：这里她还特意添加了刘翔的肖像描写，"青筋暴起，嘴唇紧紧地抿着，眼神坚定地望着前方，仿佛连表情都在用力"，非常好。

师：请同学们课下再来修改这一个片段。

【设计意图：学生再次认真观察刘翔起跑的两张图片，借助动作描写的评价量表进行自评反思，然后基于评价量表修改"小试身手"环节的动作描写片段，并且进行修改说明和交流评价。教师指导学生明晰评价量表的设计，给学生三分钟时间进行习作的修改，然后引导学生聚焦两三个典型的修改习作进行再次交流评价。在交流过程中，教师要适时反馈，引导学生进一步明晰动作描写的方法，并分析自己在习作中方法运用的效果。教师要指导学生用规范的语言进行表达，并适时点拨评价，帮助学生明晰努力的方向和下一步修改的策略。】

五、作业布置，大展身手（1分钟）

1. 对照评价量表，再次修改习作片段；

2. 请以"那次难忘的起跑"为题，写一篇随笔。要求：300字左右，运用本节课学到的动作描写方法进行动作描写。

六、板书设计

举手投足展性情
——人物的动作描写训练

抓住特点，选择准确动词

分解细化，写出具体连贯动作

引入辅助，添加其他描写或修辞

◇ **教学反思**

　　动作描写是刻画人物的重要方法之一，写作时，抓住人物富有特征的动作进行成功描写有助于鲜活地展现人物的性格、品质、身份、地位、处境和状态。本节作文指导课，我尝试基于统编语文课程和学生生活体验，发挥教材文本的范例作用来设计教学。教学目标力求清晰而集中，然后围绕"人物的动作描写训练"这一教学目标环环相扣，有序推进教学，关注写作的过程性指导和训练。

　　课堂导入环节，看似随手拈来，简单随意，实际上包含了较多的教学思考。先请一位同学上台表演"抓耳挠腮""前俯后仰""左顾右盼"等成语，其他同学猜猜他表演的是什么成语。这样的轻松有趣的小游戏，能把学生的注意力一下子聚焦在人物的动作描写上，引导学生体会动作表演的准确到位是猜对游戏的关键。不仅自然而然引入了"动作描写训练"这一核心教学目标，而且能够吸引学生一上课就积极参与课堂的互动和学习，有效地调整了学生的学习状态，帮助学生在不知不觉中就克服了写作中存在的畏难心理。

　　"小试身手，尝试练笔"，是学生在初步了解动作描写及其作用基础上的尝试练笔，也是教师在课堂中准确把握学情，进行写作指导诊断的关键环节。这里，我没有给学生出示动态的现场比赛视频，只是借助刘翔起跑时的两幅图片，让学生进行尝试练笔。一是考虑动作的瞬时性、一过性的特点。如果是视频片段，就要反复地放给大家观看，需要占用较多的课堂教学时间，而出示静态的图片则更能引导学生用心观察，也为后面的交流评价环节引导学生图文对照进行交流提供了抓手。二是考虑后面教学中动作描写方法的指导。这两幅图片可以看作是刘翔起跑动作的分解定格。它可以提示学生在写作时要把人物的动作进行分解细化，甚至还可以让学生结合自己的生活经验进行想象，添加必要的细节，在较大程度上给学生写作的自由。

　　"品读经典，学习方法"环节，紧扣教材范例，引导学生通过品读教材中的经典片段来学习动作描写。教学设计中没有举太多的例子，而是删繁就简，聚焦朱自清先生的《背影》一课中对父亲买橘子的经典动作描写片段进行反复的品味赏析语言，学习动作描写的方法。如，我借助比较阅读，引导学生体会学习动作描写用词的准确。"探身""穿过"改成"走"可不可以？为什么？基于这一问题，学生在抓住"探身""穿过"等词进行语言品味的同时，体会肥胖的父亲买橘子的艰难，不容易，理解了动词运用的准确性。接下来，我通过改写句子引导学生再次进行比较阅读，体会学习动作描写需要分解细化，写出具体连贯动作。"他用两手攀着上面，两脚再向上缩；他肥胖的身子向左微倾，显出努力的样子"改为"他爬得很艰难，显出很努力的样子"可不可以？为什么？学生通过反复的比较阅读，体会到分解细化动作的必要和妙处。最后，我运用还原法，还原教材第三次进行比较阅读，引导学生体会学习动作描写需要其他描写相结合这一方法。还原教材原文，加上了肖像描写和有关"我"的描写——"戴着黑布小帽，穿着黑布大马褂，深青布棉袍"，"这时，我看见他的背影，我的泪很快地流下来了",引导学生体会到父亲处境的窘迫,心情的悲凉,感受到如山般深沉的父爱,体会到作者对父亲的愧疚、感激之情。这样,通过抓住三处关键词句来引导学生分别进行比较阅读,以点带面,由个别到一般,顺利实现了动作描写有效方法的归纳。

动作描写评价量表是基于动作描写的方法设计的。这个动作描写评价量表可以引导学生对自己的习作片段进行自我诊断,然后基于自我评价进行练笔的修改和评价交流。简洁明了的评价量表给学生提供了学习的有效支架,有助于学生有的放矢地进行写作修改和评价。评价量表的恰当运用,使作文修改的指导更加具有针对性、过程性和有效性。

❖ 专家评课

(一)课例概况

本节作文指导课基于初中语文课程标准和统编教材,从语文学科核心素养的角度设计教学。教师对教材的分析理解正确、深入,对学情把握准确,教学目标集中明确,教学重难点安排恰当,教学过程环环相扣,流畅清晰,教学方法与手段的运用合理、有效。

(二)教学特点

具体说来,这节作文指导教学有如下几个教学特点:

1. 基于学情设计学习活动

本节课的教学,能基于学情的分析,站在学生的角度设计学习活动。如,在课堂导入环节,针对初中学生对于写作训练的畏难心理,教师设计了轻松有趣的小游戏,让学生在笑声中明晰了本课的训练目标,一上课就很快进入积极参与的学习状态之中。在"小试身手"环节,以刘翔的110米跨栏的起跑作为动作描写的练笔对象,也是考虑学生的生活和情感体验。刘翔和他的 110 米跨栏，深为初中的孩子熟知和喜爱。站在学生的角度去确定写作对象，设计学习活动，易于为学生所接受，激发学生学习的热情，提升学习效率。

2. 有效转化教材文本价值

本节课的教学紧扣教材范例文本，聚焦教材经典片段进行写作方法的提炼和指导，实现了文本价值向教育教学价值的有效转化。朱自清先生的《背影》一文除了具有很高的学科育人价值，还是写人记事类文章的范例，是提升学生语文学科核心素养的有力抓手。在《背影》中，父亲穿过月台为"我"买橘子的动作描写片段，被大家公认为动作描写的经典。在本课作文指导训练中，教师紧扣教材范例，借助比较阅读，引导学生通过反复品味父亲买橘子的经典动作描写片段，指导学生在语言的理解和建构中提炼和归纳写作方法，提升了学生的语文核心素养，有效实现了教材文本的教育教学价值。

3. 运用多种教学策略

在教学过程中，教师运用多种教学策略为达成教学目标服务。如，在课堂导入环节，教师以一个轻松有趣的游戏，自然而然引入"人物的动作描写训练"这一教学目标，巧妙地让学生体会到动作描写的关键是准确到位地写出人物的动作。在"品读经典，学习方法"环节，教师通过抓关键词句来引导学生反复比较阅读，由个别范例到一般方法，实现了动作描写方法的有效归纳。在"反思修改，交流提高"环节，教师设计简洁明了的评价量表给学生提供了修改和评价习作的有效支架，使作文修改的指导更加具有针对性、过程性和有效性。以上运用的相关教学策略，为达成本课预设目标起到了重要的作用。

4. 关注写作过程指导

以往的作文指导课要么侧重于写作前的指导，要么侧重于写作之后的作文评改不同，本节作文指导课，教师在学生写作的"进行时"中给予有效指导，关注学生写作过程中的即时尝试、修正和改进的过程。教师熟练运用的现代教学技术则是助力教师实现写作训练过程性指导的必要手段。在教学中，教师通过尝试练笔——交流感悟——学习经典——修改提高等教学环节，环环相扣，一步步呈现出对学生写作训练的过程性指导。备授课助手投屏功能，以及白板的圈画功能则帮助教师同步呈现学生的即时练笔习作，边讲评边圈画，实现了写作过程指导的可视化，促进了作文的指导和训练有机融合。

课例4　写好人物的精神

上海市复兴实验中学　王昕佳

◆课程说明

本课是统编教材八年级第一学期第二单元的写作——"学写人物小传"板块的内容。由于人物小传的写作不是很符合初中学生的学情，以及初中中年段的写作知识能力训练和低年段的呼应，本课作文教学设计在七年级下册第一单元"写出人物的精神"的基础上，继续学习，积累突显人物精神的方法，写作主题确定为"写好人物的精神"。

《语文课程标准》要求："写作教学应抓住取材、构思起草、加工等环节，指导学生在写作实践中学会写作。重视引导学生在自我修改和相互修改的过程中提高写作能力。"这就要求在我们的写作教学过程中，既要注重写作前的指导，帮助学生提升写作技能，鼓励个性化的体验和表达，也要注重写作过程中的评价，用多样化的评价方式激动学生的写作热情，促进学生写作能力的提高。基于这些认识，《写出人物的精神》这一课例旨在指导学生借鉴经典，将阅读教学所学的写作技巧迁移到自己的写作中，并指导学生尝试运用作文评价量表修改作文，实现知识内化，形成能力，从而达到学以致用，提高学生写作水平的目的。

◇ 教学设计

【教学目标】

学习运用细节描写、对比的写作手法以及抒情、议论的表达方式，凸显人物精神，并进行写作训练。

【教学重点】

学习运用多种方法，写好人物精神。

【教学难点】

运用多种方法，进一步完善作文。

【课时安排】

一课时。

【教学准备】

教学用 PPT、《藤野先生》相关文本、白板、授课助手、写作训练学习单。

【教学过程】

一、导入新课（2分钟）

1. 回顾已学方法

通过我们之前的写作学习，大家都知道：要写好人物精神，首先要抓住人物的性格特点或者是精神品质，选择典型的材料去加以表现，例如《藤野先生》一文。

（PPT 出示表格）

姓名：藤野先生	身份：仙台医学院教师
人物典型事例：	（1）藤野先生检查并从头到末地修改"我"抄的讲义 （2）藤野先生指出"我"绘的解剖图中的错误 （3）藤野先生为"我"不信鬼神，敢于解剖尸体而感到高兴和放心 （4）藤野先生向"我"询问，了解中国女人裹脚的情形
性格特征 （精神品质）	认真负责、一丝不苟、从严治学、热情关怀、正直诚恳、探索研究、实事求是、毫无民族偏见的高尚品质

其次，我们也了解了写人必须运用一些常见的方法，如人物的外貌描写、语言描写、动作描写、神态描写等。通过这些描写，可以穷形尽相，尽显人物之形；还可以以形写神，使人物之神跃然纸上。

2. 引出本课学习重点

除了以上这些方法，我们要写好人物的精神，还有哪些方法呢？

【设计意图：通过阅读经典课例，引导学生回顾已有的关于体现人物精神的写作方法，以便调动学生已有的写作经验，进入新内容的学习，进而完善有关突显人物精神的知识结构。】

二、提炼方法（15 分钟）

（一）运用细节描写突显人物精神

1. 借鉴经典

请同学们对比下面两段文字，其中一段节选自《藤野先生》的原文，另外一段是老师的改文，请学生朗读原文和改文，思考：两段文字内容上有什么不同？

（PPT 出示原文以及改文）

原文：原来我的讲义已经从头到末，都用红笔添改过了，不但增加了许多脱漏的地方，连文法的错误，也都一一订正。这样一直继续到教完了他所担任的功课：骨学、血管学、神经学。

改文：原来我的讲义已经改过了。这样一直继续到教完了他所担任的功课。

师：请问原文和改文有什么区别？

生：原文写道："不但增加了许多脱漏的地方，连文法的错误，也都一一订正。"藤野先生是教医学学科的，文法的错误应不属于他批改的范畴，但是他还是认真帮助"我"订正，从而体现了藤野先生认真负责、治学严谨的精神品质。

师：说得很不错。还有吗？

生：原文中的"从头到末"体现了藤野先生帮助作者添改讲义的范围之大，不是只改一处或者多处，而是讲义的全部。这样大范围的添改需要藤野先生花费更多的时间和精力，从而体现了藤野先生认真负责、治学严谨的精神品质。

师：说得太好了。藤野先生认真负责的精神再次得到体现。还有吗？

生：原文中说："这样一直继续到教完了他所担任的功课：骨学、血管学、神经学。"这说明藤野先生一直尽心尽力地帮"我"修改讲义，从而体现了藤野先生认真负责，持之以恒的精神品质。

师：同学们分析得非常好。原文中的这些描写都属于对人物的细节描写，这些细节描写表现了藤野先生严格要求学生工作认真负责、一丝不苟的人物精神。改文缺少这些语言的细节，没有具体写出藤野先生是怎么样帮"我"修改讲义的，不能准确表现人物的精神品质。可见，运用细节描写可以表现人物的精神风貌。一个人的内在品质和精神追求往往是在细节处才得以彰显的。

师小结：原文多出的内容是"添改"部分，"添改"意味着需要更多的时间和精力付出，而且改得十分认真，不是只改一处或几处，而是"从头到末"，"不但增加了许多脱漏的地方，连文法的错误，也都一一订正"，而且绝不是偶一为之，而是"每一星期"一次，"一直继续到教完了他所担任的功课"，表现了藤野先生严格要求学生、工作认真负责、一丝不苟的精神，原句把人物的精神表现得非常具体。改文缺少这些语言的细节，没有具体写出藤野先生是怎么样帮"我"修改讲义的，不能准确表现人物得精神品质。

2. 小结方法

运用细节描写可以表现人物的精神风貌，个人的内在品质和精神追求往往是在细节处得以彰显。

【设计意图：李准曾经说过："没有细节就不可能有艺术作品。真实的细节描写是塑造人物、达到典型化的重要手段。"因此，在文章中为了使人物形象更加鲜明，使作品更具有感染力，必须学会细节描写。现行的语文教材里面的课文都是名家的经典之作，因此我们要充分发挥语文教材中课文的引领示范作用，以课文为范文对学生进行写作知识和写作技能技巧的指导、训练，以提高学生的写作技能。设计改文和原文进行比较，通过分析细节描写之处能够使藤野先生的形象更鲜明，学生的感受更强烈。】

（二）运用对比手法凸显人物精神

1. 借鉴经典

细节描写是凸显人物精神的一个好方法，此外，还有什么方法？请同学们看下面这段文字，并思考：《藤野先生》一文的主要人物是藤野先生，但这段文字却是写爱国青年的，在文章中起着怎样的作用？

（PPT 出示原文）

有一天，本级的学生会干事到我寓里来了，要借我的讲义看。我检出来交给他们，却只翻检了一通，并没有带走。但他们一走，邮差就送到一封很厚的信，拆开看时，第一句是：——"你改悔罢！"这是《新约》上的句子罢，但经托尔斯泰新近引用过的。其时正值日俄战争，托老先生便写了一封给俄国和日本的皇帝的信，开首便是这一句。日本报纸上很斥责他的不逊，爱国青年也愤然，然而暗地里却早受了他的影响了。其次的话，大略是说上年解剖学试验的题目，是藤野先生讲义上做了记号，我预先知道的，所以能有这样的成绩。末尾是匿名。

师：文中的"我"是一个来自哪里的留学生？

生："我"是一个来自中国的留学生。中国在当时是一个很弱的国家。文中的"爱国青年"仗势欺人与藤野先生没有任何国别歧视感，与悉心为"我"修改讲义的形象形成了一个鲜明的对比，从而更加突出了藤野先生的高尚品质。

师：同学们，我们回顾一下藤野先生帮"我"添改讲义的情形，我们不难发现藤野先生完全没有民族偏见，对于"我"这样一个来自弱国的留学生，他依然热心教诲，关怀备至。而选段中的"爱国青年"认为"我"是一个来自弱国的留学生，即使取得了优异的成绩，也是藤野先生事先给"我"的考试答案，并非是"我"的真实实力。这完全体现了"爱国青年"身上的民族歧视感。由此，这两者之间又形成了一个鲜明的对比。对比手法的运用，更衬托了藤野先生的伟大性格，更显他的精神可贵。

2. 小结方法

凸显人物精神，有时需要借助一定的写作手法，对比的写作手法最为常用，其他的还有衬托、正面描写和侧面描写相结合、欲扬先抑等，学生在写作实践中都应该尝试运用。

【设计意图：选取《藤野先生》中爱国青年与藤野先生对"我"的不同态度选段，可以很直观地让学生感受到面对同一件事情时，不同人物之间不同的态度与表现，从而感受人物的精神品质。藤野先生对中国留学生孜孜不倦的教诲和一视同仁，与日本留学生的轻蔑态度形成鲜明的对比，教师在带领学生学习时要引导学生把其中的方法提炼出来，从范文中总结写法。这样的示例作用要比单纯的讲解知识点来得更加生动具体，学生容易接受从而内化为自己的写作方法。】

（三）通过抒情议论凸显人物精神

1. 借鉴经典

凸显人物的精神，还有什么方法？请同学们朗读下面的文字。

（PPT 出示原文）

但不知怎地，我总还时时记起他，在我所认为我师的之中，他是最使我感激，给我鼓励的一个。有时我常常想：他的对于我的热心的希望，不倦的教诲，小而言之，是为中国，就是希望中国有新的医学；大而言之，是为学术，就是希望新的医学传到中国去。他的性格，在我的眼里和心里是伟大的，虽然他的姓名并不为许多人所知道。

师：这段抒情议论的作用是什么？

生：这段文字体现了藤野先生的热忱和治学严谨。

师：从哪里可以看出藤野先生的热忱？请具体说说。

生：从"他的对于我的热心的希望，不倦的教诲"可以得以体现。

师：说得很好，还有吗？

生：我认为体现了藤野先生身上的无私和大爱的精神品质。

师：你从哪里可以看出来呢？请你说一说。

生："小而言之，是为中国，就是希望中国有新的医学；大而言之，是为学术，就是希望新的医学传到中国去。"

师：说得很不错。藤野先生希望把他所知道的医学知识传播到其他的国家，而不仅是在日本本国传播。藤野先生希望新的医学知识可以帮助其他国家的病人，可以救助更多需要帮助的人。他希望自己所掌握的医学知识可以传授给其他国家的医学同仁。由此可以看出藤野先生具有无私、大爱的精神品质。

生：从"但不知怎地，我总还时时记起他"这一句体现了作者对藤野先生非常怀念。

师：说得非常好。赞扬了大爱的、无私的、公平的藤野先生。其实，大家有没有发现在这个选段中作者鲁迅高度赞扬了藤野先生？请问哪个句子体现了作者高度赞扬了自己的老师藤野先生呢？大家一起来读一读。

生："但不知怎地，我总还时时记起他，在我所认为我师的之中，他是最使我感激，给我鼓励的一个。"和"他的性格，在我的眼里和心里是伟大的，虽然他的姓名并不为许多人所知道。"

2. 方法小结

借助一些抒情、议论的句子，对人物的精神品质进行点睛式的概括。这些精彩的抒情和议论，提炼了人物的精神品质，也对文章主旨起到了升华作用。

【设计意图：一篇记叙文，在叙述描写中适当地穿插抒情议论，是一种极好的点染，会使细节得到点化，情感得到渲染，主旨得以明确，主题得到升华。精彩的议论抒情可以揭示生活的意义，升华文章的主题。范文《藤野先生》中的抒情议论部分旨在使学生感受作者对藤野先生的高度赞美与深切怀念，使之明白在学生今后的写作中也可以运用这样的方法来凸

显人物的精神。】

三、方法运用，修改作文

1. 请同学们阅读下面这篇文章，思考：这篇文章的主人公是谁？她有怎样的精神品质？那么文章有没有用前面我们所学习的写作方法来凸显人物精神呢？

（PPT 出示例文）

一位令我敬佩的人

①我家附近有一家小面馆总是热闹非凡，与别家店的冷清形成鲜明对比。

②我决定前去揭开久存于心底的谜团。柔和的阳光透过树叶的缝隙映在小店的白墙上，老板娘身着蓝色的布裙，正忙碌着招呼客人。

③等了许久，终于挑了角落的空座位坐了下来。"姑娘，三丝面、阳春面，还有干拌面，要哪种？"我有些诧异，如此热闹的面馆竟只有三种面。选择阳春面后，我静坐等待着。

④听到其他上了年纪的客人们正讨论着小店的生意兴隆，我情不自禁靠近聆听着。

⑤小店从开业至今已有十几年了，始终是上海人爱吃的三种面，可价格从未上涨……老板娘的儿子早年就因车祸去世，她的丈夫也病重离开人世……

⑥我心底一震，不禁抬眼望向老板娘瘦削的背影，心中五味杂陈。店内的喧闹声、嘈杂声都仿佛烟消云散，我的阳春面已上桌，我拿起木筷，静静地品尝着。

⑦阳春面很是入味，葱花在热气腾腾的面上漂浮着，和着肉的香味窜入我的鼻间，是故乡的味道。沉浸在美味中的我开始观察那位老板娘的一举一动。

⑧她梳着马尾辫，衣着朴素，脸上带着微笑，亲切地招呼着客人。

⑨人生在世，困难是常态，是前进还是颓废，取决于你自己的高度。这位小面馆的老板娘令我感到由衷的敬佩，我也愿自己能如她一样，笑迎人生，如花绽放。

生：主人公是小面馆的老板娘，她身世艰难，但面对现实，她勤劳、勇敢、乐观，她为人淳朴，对待顾客热情和善，对生活充满了希望。文章情节完整，叙述清楚，但人物的精神还没有充分展现，还缺乏用我们前面所学习的方法来刻画人物。

师：那么文章最应该在什么地方增加细节描写呢？

生：文章第⑧节可以增加对主人公小面馆老板娘的细节描写。

师：文章是否可以适当运用对比描写的方法？怎样运用？

生：可以增加小店环境和其他店家环境的描写，形成对比，以便更好地衬托人物形象。

师：请同学们寻找并朗读学习单上文章中抒情议论的内容。这段抒情议论的文字写了什么内容？好不好？

生：人生在世，困难是常态，是前进还是颓废，取决于你自己的高度。这位小面馆的老板娘令我感到由衷的敬佩，我也愿自己能如她一样，笑迎人生，如花绽放。

师：这段抒情议论文字写了作者对生活的感悟，抒发了对小面馆老板娘的敬佩之情。这些抒情和议论没有点出小面馆老板娘身上可贵的精神品质，点出令人敬佩的原因。这种错误也是同学们在写作中经常犯的。

老师：刚才我们一起总结了进一步完善这篇作文的几点建议：可以在第⑧小节增加细节描写，在第一段后面增加环境的对比描写，修改文章的结尾，让抒情和议论更加到位。通过这些修改，可以更好地凸显小面馆老板娘的精神品质。下面就请同学们根据修改建议，分组完成这篇作文的修改，一个组完成一个修改任务，修改时间 8 分钟，然后我们进行点评交流。

（分配小组修改任务，学生课堂修改作文）

师：各小组都基本修改好了，下面请各小组派代表进行交流。

（备授课助手出示第一小组的修改内容）

她花白的头发被利落地梳成马尾辫，她穿着早已褪色却很整洁的蓝色布裙，不停地忙碌着，她的动作干练而又迅速。更令我吃惊的是，她记得每位常客的喜好，什么加不加香菜，少油还是少盐，仿佛都刻在了她脑海中。

她热情的微笑洋溢在脸上，鼓舞着每一位客人前来她的店品尝她独特的手艺。她穿梭在雾气中，在灶台前忙碌着，古铜色的脸如同一本古老的书，给人带来亲切之感。

她目光柔和而自信，光线里的尘埃漫无目的地飞，将她的背影勾勒出一个细细的、透亮的轮廓。

师：同学们认为他们小组的修改怎样？请点评。

生：从"小面馆老板娘能记住所有客人的喜好，少油少盐等等"这个细节可以看出老板娘工作很认真，对于工作认真负责，她每天都很用心地对待每一位客人，用心地做每一份面。我认为这也是很令人敬佩的地方。

师：点评得很好。

生："热情的微笑洋溢在脸上"体现了小面馆老板娘面对生活乐观的态度与积极的精神。

师：评论得很好。虽然小面馆老板娘的生活是充满磨难的，儿子由于车祸早逝，丈夫也由于重病离开了人世。但是，她依然对生活充满希望，以乐观的态度面对磨难。还有其他的吗？

生："她穿着早已褪色却很整洁的蓝色布裙"说明这条蓝色布裙已经

穿了很久，由此体现了小面馆老板娘的为人节俭、质朴。

师：说得很好。那同学们认为还有需要添加的地方吗？

生：我认为可以添加小面馆老板娘忙碌时的状态描写。

师：说得很好，请问你是如何添加的？请你读一读与大家分享。

生："因为老板娘的技艺高超，小店的价格亲民，因此她总是忙碌地穿梭在灶台的雾气之中。但尽管如此，她没有一丝的不耐烦。"

师：你说得很好。下面我们来分享一下同学们在写作手法上的添改。

（用备授课助手出示第二小组的修改文字）

这家小面馆开在一个小弄堂里，店内只能摆下四五张桌椅，容得下十几位顾客，店里几乎没有任何装饰。和弄堂外大街上富丽堂皇、宽阔明亮餐饮店相比，简直可以说是"寒酸"。令人奇怪的是：别的店拼命吆喝招揽生意，生意依旧冷冷清清；这家小店不声不响，门口从早到晚总排着长长的队伍。

师：请同学们进行点评。

生：从"那家小面馆是开在一个弄堂之内"可以看出这家小面馆所处的位置十分偏僻，但客人络绎不绝是因为老板娘的手艺和为人品质很好，从而吸引了很多客人。正是由于老板娘的人格魅力，才是小店的生意如此火爆。

师：所以通过环境描写是不是也能突出人物的精神？同学们的意思就是老板娘用自己的人格魅力吸引了如此众多的客人。还有谁来点评一下？

生：我认为还可以用一些描写来凸显小弄堂的偏僻，如落叶纷纷无人打扫等来表现小面馆地理位置的偏僻。

……

师：最后我们来看看第三组同学所添改的抒情议论部分。

（用备授课助手出示第三小组修改内容）

即使丧夫丧子，生活仿佛没有给予她一丝的希望，但她依然与命运顽强搏斗着。万物在她旁边都黯然失色。她将小店经营得如此完美，没有花里胡哨的装饰，而是以最淳朴的方式感动着每一位客人。

久存于心底的谜团终于揭开了谜底，这位老板娘真的不容易，生活给她开了莫大的玩笑，她却没有溃败于现实，而是以最美好的方式去笑迎人生。

这位小面馆的老板娘令我感到由衷的敬佩，我也愿自己能如她一样，笑迎人生，如花绽放。

师：第三小组的修改怎样？

生：修改得很好。这段文字写出了老板娘即使面对磨难，也能以乐观与积极的态度面对。这段议论和抒情点出了老板娘为人的精神品质。

……

【设计意图：写作能力应该在写作活动中逐渐提升，作文的评价和修改就是一个很好的作文训练活动，学生在这样的学习活动中，充分交流、互相学习、互相促进，体现了新课标所要求的"积极倡导自主、合作、探究的学习方式"的课程理念，能有效提高学生的写作能力。教师在平时的作文教学中，应重视引导学生在自我修改和相互修改的过程中不断提高写作能力。】

四、课堂总结

我们通过这节课学习了如何写好人物的精神。那么，要写好人物的精神，有哪些方法可以运用呢？首先，运用细节描写凸显人物精神。其次，运用对比手法凸显人物精神。再者，通过抒情议论凸显人物精神。课后，请同学们能用我们今天所学习的方法，完成一篇作文。

五、作业布置

请以"一位令我_____的人"为题写一篇作文。字数 600 字左右。

六、板书设计

> 写好人物精神
>
> 运用细节描写，突显人物精神
>
> 运用对比手法，突显人物精神
>
> 通过议论抒情，突显人物精神

◇ **教学反思**

本课旨在引导学生进一步学习写好人物的内在精神的方法，写作教学的核心围绕"如何写出人物的精神"展开。在课堂设计中我运用范文的展示和评价，引导学生归纳出"写好人物的方法"的三个方法：运用细节描写凸显人物精神，运用对比凸显人物精神，通过抒情议论凸显人物精神。

首先，我以《藤野先生》为范文，呈现范文中最能体现藤野先生治学严谨和认真负责的细节描写片段的原文和缺乏细节描写的改文，通过原文和改文的比较，学生明确了运用细节描写可以表现人物的精神风貌。因为一个人的内在品质和精神追求往往是在细节处得以彰显。

其次，我继续以范文中的"爱国青年"妄自尊大，仗势欺人，具有民族偏见的形象与藤野先生毫无民族偏见，对弱国留学生热心教诲，关怀备至的形象形成了强烈对照。通过范文中对比写作手法的运用，明确对比的写作手法也可以凸显人物的精神品质。

再次，我带领学生朗读并体会范文中抒情和议论的片段，感受作者对藤野先生的高度评价。体会作者对藤野先生的怀念之情，对藤野先生没有民族偏见的伟大性格和正直、热忱、高尚的品质的赞扬之情。从而明确要写好人物的精神，还可以借助一些抒情、议论的句子，对人物的精神品质进行点睛式的概括。

本堂课的任务设计层次分明，逐渐深入。第一个任务是评价范文，提炼出"写好人物的精神"的要点。第二个任务是展示教师下水作文。教师下水文章情节完整，叙述清楚，但人物的精神还没有充分展现，需要学生用前半节课所习得的写作方法进行完善。与学生商讨后，我和学生共同总结了进一步完善作文的几点想法：增加主人公的细节描写；增加环境的对比描写；修改文章的结尾，让抒情和议论更加到位。学生根据上述修改建议完善作文后再进行点评交流，不仅可以巩固上课所学的方法技巧，也能提高学生修改习作的兴趣。

本课教学的主导思想就是将课内所学写作技巧迁移到自己的写作过程中，达到学以致用、提高自己写作水平的目的。因此，教学过程中最让人印象深刻的教学片段是学生进入"方法运用，修改作文"的写作环节。设计"方法运用，修改作文"的意图就在于引导学生能根据写作要点，挖掘作文中的不足之处，再运用自己已习得的写作方法对习作进行修改并点评。学生平时在修改习作的时候比较盲目，没有明确的修改依据。通过前半节课围绕范文的细致分析，学生在完善习作的时候变得有据可寻，有理可依。学生写好之后，全班同学进行点评交流，学生再次聚焦了"写好人物的精神"写作的方法。这些集思广益的完善方法不仅提高了学生的写作兴趣，对于学生在今后写人物精神的文章也有借鉴作用。

◇专家评课

（一）课例概况

初中语文统编教材八年级上第二单元所选课文都是彰显人物精神的绝好范文，王老师从以读促写的角度考虑，并根据具体的学情，将写好人物精神作为本单元作文训练的主题，通过写作教学，引导学生借鉴经典，学会运用细节描写、对比的写作手法以及抒情、议论的表达方式来凸显人物精神，以形写神，使人物之神跃然纸上。教学目标明确，教学过程清晰。

（二）教学特点

在我们的课堂教学中，大家往往用"课堂是否有效"的标准来衡量一堂课是不是好课。王老师的这节《写出人物的精神》的作文教学课从有效方面来看，使学生进一步完善了写好人物精神的方法，习作能力得到了一定程度的提高。就如华罗庚先生所说："我们要善于总结及利用前人的经验，再在已有的经验上进一步地提高——发展性或创造性地提高，更为后人开辟道路。"我想用"巧"和"有效"来评点这节课。

1. 巧借经典，"有效"在以读促写，探索写作路径

阅读教学要读写结合，找准读写训练的结合点，为学生提供素材，让学生"有米下锅"。《语文课程标准》指出："要重视写作教学与阅读教学、口语交际教学之间的联系，善于将读与写、说与写有机结合，相互促进。"阅读和写作之间有着天然的不可分割的联系。可以说，每一篇阅读材料都是写作的素材，都是写作的模板，都是学生写作的训练场。所以，在日常的阅读教学中有意识地渗透学生写作的相关知识和方法，是将所学知识学以致用的有效途径。《语文课程标准》还指出："对课文的内容和表达有自

己的心得，能提出自己的看法，并能运用合作的方式，共同探讨、分析、解决疑难问题。"王老师用学生熟悉的课文《藤野先生》中的例子，给予多角度的范文，打开学生写作思路，使阅读、写作、思维训练三者融为一体。这个环节看似简单，但其实并不简单，借鉴三段选文，总结三种方法：细节描写凸显人物精神，运用对比手法凸显人物精神，通过议论抒情凸显人物精神。这样，学生在具体操作时就有本可依。纵观整个环节，我们可以这样说：方法是在学生的自主思考中、在教师润物细无声的指点中不知不觉掌握的，既轻松又有效。

2. 巧作点评，"有效"在以生为本，还课堂予学生

整节课教学环节层层推进，方法总结——习作修改——评改交流。"一篇文章，三分写，七分改。"《语文课程标准》指出："应注意将教师的评价、学生的自我评价及学生之间的相互评价相结合，加强学生的自我评价和相互评价，促进学生主动学习，自我反思。评价要理解和尊重学生的自我评价与相互评价。要尊重学生的个体差异，有利于每个学生的健康发展。"所以，评改是由知识向能力转化的有效途径。在作文评改环节，王老师通过分组修改的形式，引导学生将所学方法运用于习作修改，又以学生评改为主，自己指点为辅，让学生成为课堂的主人。在评改的过程中，学生不仅巩固和强化了写作知识的迁移，而且训练了思维品质，使学生以后的思考会更深入，也提高了学生对文章的欣赏、品评能力，还锻炼了学生修改作文及自己写作的能力。

（三）教学思考

语文教学专家谭惟翰曾说过，"纳"是"吐"的前提，是基础，会"纳"才谈得上"吐"。本节课目标定位较小，指导时很准确。王老师的作

文教学，从教学设计到课堂推进，处处显示着教师的智慧：既关注了学生的学习经历，又提升了学生的语言素养。在这样的课堂中，我们能听到生命拔节的声音，能看到生命成长的画面，是真正的有效课堂。当然，如果课堂教学时间更加充裕，师生点评更加细致入微；或者，缩减训练内容，聚焦某一个方法的训练，可能效果更佳。

课例5　详略得法

上海市北虹初级中学　杨俊

◇ 课程说明

　　文章的详略安排，是初中写作教学的重要内容之一，依据中心安排详略是写作的基本原则，但如何落实这条原则经常使学生感到为难。《语文课程标准》对初中阶段的写作目标明确提出"写作时考虑不同的目的和对象"这一要求。就是说，学生写作必须回到具有真实感的情境中去。基于此，本课教学引入"拟订交际语境"这一支架，使原本抽象的写作原则化为具体可行的操作方法。首先借助经典课文《背影》的片段，使学生明白什么是详略和交际语境。接着以学生熟悉的"我的校园生活"为题，通过改变读者身份，让他们对如何拟订交际语境有更深入的理解，尤其明白关注读者的哪些信息。最后以老师写跑偏的文章激发学生的学习兴趣，让他们利用已学的知识和方法提出修改意见，进一步巩固所学，使之在操练中得到提升。

◇ **教学设计**

【教学目标】

1. 了解详写和略写的有关知识，学习通过拟订交际语境来安排文章详略的写作方法。

2. 根据拟订的交际语境，调整文章的详略。

【教学重点】

学习通过拟定交际语境来安排文章详略的写作方法。

【教学难点】

根据拟定的交际语境，调整文章的详略。

【课时安排】

一课时。

【教学准备】

教学 PPT，阅读材料，作文。

【教学过程】

一、情境创设，导入新课（2分钟）

师：（PPT 出示图片）同学们觉得下面这张照片的表现对象是什么？

生：我觉得是表现树，树的位置比较靠前。

师：有别的想法吗？

生：我也觉得是表现树，后面的高楼是一种衬托。

师：好的，她也觉得是表现树，高楼是衬托。还有别的意见吗？

生：我觉得是表现后面的高楼，高楼作为衬托太抢眼了。

师小结：它的表现对象模棱两可。若是说表现建筑，则前面的树有些突兀；若是表现树，后面的建筑又太过抢眼。拍摄者没有分清画面的主次。

摄影中的主次关系，放在我们写作中来说，就是详略关系。我们写作文想要突出中心，也要安排好同一个材料内不同部分的详略关系，或者不同材料之间的详略关系。

【设计意图：手机拍照已成为人们的生活日常。即使初中低年级的学生，对此也非常熟悉。以拍照中的主次关系引出写作中的详略安排，令学生易于理解。】

二、案例分析，理解详略（10分钟）

1. 下面这两段文字是朱自清《背影》的节选，老师请两位同学朗读

一下。其余同学思考这两段文字写了哪几件事，并用简洁的语言概括。（PPT出示选文）

我们过了江，进了车站。我买票，他忙着照看行李。行李太多，得向脚夫行些小费才可过去。他便又忙着和他们讲价钱。我那时真是聪明过分，总觉他说话不大漂亮，非自己插嘴不可，但他终于讲定了价钱；就送我上车。他给我拣定了靠车门的一张椅子；我将他给我做的紫毛大衣铺好座位。他嘱我路上小心，夜里要警醒些，不要受凉。又嘱托茶房好好照应我。我心里暗笑他的迂；他们只认得钱，托他们只是白托！而且我这样大年纪的人，难道还不能料理自己么？我现在想想，我那时真是太聪明了。

我说道："爸爸，你走吧。"他望车外看了看，说："我买几个橘子去。你就在此地，不要走动。"我看那边月台的栅栏外有几个卖东西的等着顾客。走到那边月台，须穿过铁道，须跳下去又爬上去。父亲是一个胖子，走过去自然要费事些。我本来要去的，他不肯，只好让他去。我看见他戴着黑布小帽，穿着黑布大马褂，深青布棉袍，蹒跚地走到铁道边，慢慢探身下去，尚不大难。可是他穿过铁道，要爬上那边月台，就不容易了。他用两手攀着上面，两脚再向上缩；他肥胖的身子向左微倾，显出努力的样子。这时我看见他的背影，我的泪很快地流下来了。

——朱自清《背影》

明确：

①父亲照看行李；

②和脚夫讲价钱；

③送"我"上车；

④拣定座位；

⑤嘱咐"我"路上小心；

⑥嘱托茶房照顾"我"；

⑦攀爬月台买橘子。

2. 这七件事哪些是详写，哪些是略写？作者为什么这样安排详略呢？

明确：①—⑥略写，⑦详写。要理解这样的详略安排，我们先要思考以下几个问题：文章中的"我"的身份是什么？文章的读者是谁？文章的主要内容是什么？文章的写作目的是什么？

请同学们根据上面选文的内容完成下面这份表格的填写。

生：文中的"我"当时是个大学生，现在已经是个父亲了。文章的读者就是一般的读者，内容就是年老的父亲为"我"送行所做的各种事。目的是表现父爱，略写了前六件事，详写了第七件事。

生：我觉得《背影》的写作目的不只是表现父爱。

师：好，你的理由是什么呢？

生：因为文中除了一些记叙和描写的文字之外，还有一些抒情的文字。比如第一段"我心里暗笑他的迂；他们只认得钱，托他们只是白托！而且我这样大年纪的人，难道还不能料理自己么"，这是表达"我"对父亲所做之事的不屑，同一段里还有"我那时真是聪明过分，总觉他说话不大漂亮，非自己插嘴不可"，"我现在想想，我那时真是太聪明了"，这是表达"我"对自己不理解父爱而产生的后悔、愧疚之情。还有第二段里"这时我看见他的背影，我的泪很快地流下来了"，是表达对父爱的感激和对自己之前行为的后悔。

师：他很好地关注到了事件叙述背后所蕴含的作者的情感。散文就是用来表达作者主观的情思，这是散文写作的主要目的。

师小结：现在我们应该可以明白作者这样安排详略的目的了，正是因为他要抒发这样的感情。而这种感情的抒发又是和作者心中潜在的读者设定有关。当然正如刚才那位同学所说的，《背影》的读者就是一般读者，男女老少都可以读，没有限制。但是对于哪一类人这篇文章会显得特别动人呢？我想对于那些自己曾经不理解亲情，现在已经长大成人的人而言肯定感受更深。他们是这篇文章的理想读者。作者写这篇文章其实是以一个过来人的身份与这样一类人交流自己对亲情的理解和感悟。这是这篇文章写作时所拟订的交际语境。作品的详略安排就要依据这样的交际语境设定来进行。

（PPT 出示表格）

"我"	当时还在读书，现在已为人父	略："我"轻视这份爱时父亲所做之事——在车站为"我"做的种种事情
读者	一般读者，尤其是成年的为人子女的人	
内容	年老的父亲为"我"送行所做的各种事情	详："我"真正关注了父亲并被父亲的行为打动的事情——父亲攀爬月台为"我"买橘子之事
目的	抒发了"我"对无微不至的父爱的感激之情，以及"我"曾对这份父爱不屑的自责、愧疚之情	

3. 明确详略安排原则

详写，是指对材料加以具体的叙述和描写，放开笔墨，写得比较充分。略写，是指用较少的笔墨对材料进行概括式的叙述。而详略安排的原则，要根据作者所拟定的交际情境来设计的。

【设计意图：《背影》是经典文本，也是学生所熟知的课文。旧文新读，不再只满足于知道事件、体会情感，而是进一步分析"我"的身份、读者的身份，让学生有阅读的新体验，明白作者之所以详写一些材料而略写另一些材料，是出于表达目的与读者身份的考虑。在此基础上引出"交际语境"这一概念，则更为自然。】

这里的重点是对《背影》节选文本的准确解读。不能令学生的思维停留于读出父爱，应引导他们关注文本中存在的叙述、抒情与描写这三种不同的表达方式，从而读出文字背后隐含的情感变化——当作者单纯运用叙述这种表达方式来呈现前六则材料时，暗含的是他对父亲所做之事的漠然，不以为意。而当他细致描写父亲攀爬月台的过程时，也并非单纯出于仔细观察，而是被父亲的行为所打动并产生愧疚之情。描写有多细，情感就有多深。而这样的情感其实在第一段中那些非叙述文字中已然呈现了。

只有准确解读这两段文本，才能无误地分析作者所设定的理想读者身份。

三、拟订交际语境，学习安排详略（15 分钟）

1. 我们已经知道了什么是详略，也知道了安排详略的原则。接下去我们就尝试着进行具体的操作。如果有一个作文题"我的校园生活"，文章的读者分别是即将入学的新生、外来参观的学生、本校师生，你会如何安排材料的详略？

（PPT 出示表格）

作文《我的校园生活》（一）：

"我"		略：
读者	即将入学的新生	
内容		详：
目的		

作文《我的校园生活》（二）：

"我"		略：
读者	外来参观的学生	
内容		详：
目的		

作文《我的校园生活》（三）：

"我"		略：
读者	本校师生	
内容		详：
目的		

　　要求：师生一起完成第一个读者的设定。用白板拖曳功能开展学生活动。后面的两个读者设定请同学们分小组讨论，共同完成，然后小组派代表班级交流。建议用授课助手拍摄学生的学习单，展示交流。

　　师：我们一起来讨论第一种情况。如果读者是即将入学的新生，那么"我"的身份是什么呢？

　　生：学校的介绍者。

　　师：内容肯定是校园生活情况，目的呢？

　　生：通过"我"的介绍，让新生对学校有基本的了解。

　　师：还有别的意见吗？

生：我觉得还应该让他们对初中生活产生兴趣，想要上初中。

师：好，现在我们有四个材料："校园节日""学科学习""社团活动""硬件设施"，大家觉得哪些应该详写，哪些应该略写呢？

生：我觉得"学科学习"和"硬件设施"是学校的基本情况，应该了解，但只能略写，因为这些内容和小学里的情况差不多。而"社团活动"和"校园节日"是学校的特色，是小学里没有的，而且最能引发他们的兴趣，所以要详写。

师：很好。接下去讨论下面两种情况，假设读者分别是外来参观的学生和本校师生，又如何拟订这个交际语境，安排详略呢？请你在学习单上完成。

生：如果读者是外来参观的学生，那"我"依然是学校介绍者，内容还是学校情况，目的是让他们了解我们学校的特色，所以略写每个学校都差不多的东西，详写我们学校特色内容。比如我们的体育多样化课程等。

生：如果读者是本校师生，那要详写的内容就是"我"的校园生活中独一无二的经历或者感受，而要略写的是人尽皆知的事情。比如，我是学校国旗班的成员，我们日常的练习都是在上学前或放学后，这是大家不熟悉的，就可以详细展开。

师小结：根据三种不同身份拟订的详略分别是：

①详写校园生活中最"好玩"的部分，略写最"枯燥"的部分；

②详写校园生活中最有特色的部分，略写最普通的部分；

③详写校园生活中最与众不同的部分，略写人尽皆知的部分。

2. 针对同一个话题，当我们面对不同的读者进行写作时会有不同的表达目的和表达侧重，也就有了不同的详略要求。因此，我们在进行写作时，不妨设想一下读者的身份，再为自己拟订一个身份与读者进行对话，随后想一想"我"应该与读者主要交流一些什么，"我"与读者交流的目的是什么，这就是所谓的拟订交际语境。拟订交际语境有助于我们合理安排详略。

师：这其中最关键的环节可能是对读者身份的设想。我们要设想读者身份的哪些信息啊？

生：年龄、职业。

师：还有呢？刚才那位同学说道，当读者是外来参观的学生时，要略写一些什么？

生：略写每个学校都差不多的内容。

师：为什么要略写每个学校都差不多的内容呢？

生：因为他是外来的，他肯定想知道最吸引他的东西。那些差不多的东西，他也都知道。

师：对。也就是说我们要考虑读者对于我们所交流的内容哪些是已知的，哪些是未知的，哪些东西是最吸引他的，这就是我们应该详细展开的部分。

【设计意图：设计意图："我的校园生活"是学生熟悉的题目，但学生往往习惯于写流水账，将校园生活的方方面面都放进一篇文章中而不懂取舍或区分处理。这其实是缺乏读者意识的表现，他们不知道文章是写给谁看的，也不知道为什么要写这样的文章。

但只要给一个读者设定，他们的思维就能很快被打开，教师略加引导，学生就能进入情境，明白自己的身份和立场，分析读者的相关信息配置，从而合理安排材料的详略。

读者身份的确定，也要注意难易程度的变化，使训练更为有效。对学生而言，当读者是入学新生和外来学生时，相当容易操作，因为这两类人群对于"我"的学校未知甚多，容易取材。这两个训练令学生"有话可说"，学习的成就感易于催生对所学新知识的亲近。但若继续进行这个难度的训练，一则会因缺乏挑战性而使学生厌倦，二则会令他们对拟订交际语境的难度产生误解。因此，第三个训练将读者设定为本校师生。由于本校师生对"我"的校园生活十分了解，这就使得学生会在第一时间觉得没有什么内容是值得详细展开的。其实产生这样的感觉也说明他们初步具有了读者意识——他们会从读者对话信息来思考详略安排。此时教师加以思路点拨，能令学生的思维进一步深化，从而提升学习有效性。】

四、运用方法，修改作文（10分钟）

下面这段文字是老师写的，题目是"精彩就在身边"。老师也拟订了一个交际语境。如表格所示：

"我"	日常生活有些无聊而乏味的即将进入初三的学生	略：
读者	与"我"有同样感想的同学	
内容	"我"的一次偶然发现	详：
目的	表达精彩其实就在我们身边，我们应该停下脚步，多关注一下身边容易被忽略的事物，于平淡的生活中感受精彩的思考	

但是写完之后，老师觉得文章在详略安排上出了些问题，没有完全按照当初设定的交际语境来写。大家能尝试为老师做出修改吗？

（PPT出示文章）

精彩就在身边

一眨眼，三年的初中生活已经步入后半段，初三眼看就要到来。我们每天忙碌于繁忙的学业，日复一日，单调乏味。但前不久的一次邂逅让我明白，其实，精彩就在我们身边。

那是一个周五的下午，早放学让我的心情变得愉快起来，甚至在回家路上还唱了会儿歌。不知不觉，我又走到了我们每天都会穿过的小巷。小巷两旁，槐树枝繁叶茂，仿佛撑开了一把把绿色的大伞，搭成一个连绵不断的遮阳棚，令人感觉舒适凉爽。小巷的路是一块块尺许见方的青石板嵌的。行人不多，一如往常，静得几乎感觉不到时间的流逝。可能是因为昨晚下雨，脚下的石板有些滑，这让我只能慢慢地、小心地走过去。

穿过小巷，正前方是一条大道。两旁有一些小店。孩子们刚刚放学，他们有的结伴而行，脸上挂着大大的笑容。

我左看看右看看，突然间，注意到右边的街上有家小店，许多小孩子正拉着家长在排队。平时似乎也有人排队，但往常和同学一起走，我们都未停下脚步，未关心过。这回出于好奇，我也去那边看看发生了什么。

那是一个小小的店铺，店里有个头发花白的老头，正专心致志地吹着糖人。一会儿工夫，一个可爱的小猪就被吹出来了。那女孩急忙接了过去，好似得到了什么珍贵的宝贝。

"这位姑娘，你要一个糖人吗？"那老头戴着眼镜，笑眯眯地看着我。我点了点头，说："一个糖人，大的那种，谢谢。"

看着手中的糖人，我不禁想到，在空余的时间里，应该多看看身边那些被忽略的事物吧。有时候，精彩就在我们身边。

师：文章里哪些内容详写，哪些内容略写了？

生：文章对路以及"我"在路上的情形写得比较详细，对做糖人的老人也有一定的描写。感觉文章没有特别写得详细的地方，就是都比较平淡。

师：老师这样的详略安排恰当吗？为什么？请同学们参照老师拟订的"交际语境"，帮老师诊断问题，并提出修改建议。

生：我觉得这样的详略安排不够恰当。我认为要恰当安排文章详略，读者的身份设定还可以再精确一点。

师：具体说说看呢？

生：因为文中有一句话是"我又走到了我们每天都会穿过的小巷"，可见读者不只是与"我"有同样感想的同学，而且我们每天一起上学放学。既然是这样，那么第二段对路的描写就太多了，因为这条路的情况是同学们都知道的，没必要展开。另外，目的是向同学介绍"我"所发现的精彩，那么"我"在路上走的情形就不用写了，这是读者不感兴趣的。读者真正感兴趣的是这件事为什么是"精彩"的，也就是这个老人是什么样子的，他与小孩子的交流是怎样的，这都可以详细去写。

师：好。这位同学细化了我所设定的读者身份。我当时只考虑这个读者就是与"我"有同样感想的同学。他发现不只是如此，而且他们每天与"我"一起上学、放学，所以呢，原文中那些路上的情形，路两旁种着怎样的树，等等，是不是就不需要写啦？因为这是他们很熟悉的、已知的信息。是不是这样？还有同学想补充吗？

生：我觉得糖人的样子也可以详写，这也是吸引读者的部分。

师：我想原文中的"我"之所以被这一幕所打动，肯定也跟这个糖人有关系对不对？糖人如果做得很难看，"我"大概也不会觉得它是身边的精彩。糖人看上去一定也是非常诱人的，非常可爱的。所以这一部分也应该详写，这应该是读者感兴趣的部分。

师小结：详写的是老头做糖人的情形及其与小孩子交流的场景、糖人的样子等；略写是"我"在路上走的情形及对路的描写。

【设计意图】：对于初中学生而言，发现老师的错误是一件非常兴奋的事。因此，这一环节中教师特意"放下身段"，示之以弱，让学生在为老师纠错的过程中运用此前所学解决问题，进一步提升学习水平。

这一环节的重点依然是对读者身份的分析，应引导学生发现教师所设定的读者身份的疏漏。若非如此，学生只会注意应详写哪些内容——老人做糖人的样子、与小孩交流的样子、糖人的模样等,而难以注意应该略写的部分,即"我"在路上走的情形。只有当学生发现读者不仅仅是"与'我'有同样感想的同学",更是"每天与'我'一起上学、放学的同学"时,才会关注到对这一部分的详细展开是多余的。】

五、课堂总结(2分钟)

希望这堂课的学习能令大家了解什么是作文中的详略,我们应如何通过拟订交际语境来具体安排文章的详略,并且在我们的写作过程中时刻注意保持设定的一致性,不要违背自己最初拟定的语境,始终记住自己写这篇作文的目的是什么。还记得这节课一开始的时候给同学们看的那张照片吗?我们要始终记住到底是想拍前面的树,还是后面的楼。

六、作业布置(1分钟)

请以"精彩就在身边"为题,写一篇600字左右的文章。建议写作前运用今天课堂所学,先拟订一个交际语境,然后根据这个拟订的交际语境进行写作,注意详略的安排。

七、板书设计

> 详略得法
> ——通过拟订交际语境安排文章的详略
> 文章中的"我"身份是什么
> 文章的读者是谁
> 文章的主要内容是什么
> 文章的写作目的是什么

◆ **教学反思**

（一）整体设计

著名的语文课程与教学专家王荣生教授曾有惊人之语："中小学语文课几乎没有写作教学。"他总结了写作教学的三种基本路数，一是向学生提供题目与范文，二是为学生创设情境，让他们参与活动，三是讲解章法。这几种教法之所以算不得真正的写作教学，共同的问题在于它们都发生在学生写作之前，而在学生正式开始写作后，却不能给予有效的帮助而放任自流。

我非常认同王荣生教授的思考。因此，给予学生有效的帮助，提供必要的脚手架，正是本课设计的着力点之一。我没有像普遍做法那样，讲解一下什么是文章的详略安排以及为什么要合理安排详略，然后给出一篇范文，让学生自行模仿体会。陈述性知识的传授在本课教学中只起一个导入和铺垫的作用，占据课堂学习核心位置的是教学生如何进行操作。虽然未必处理得很好，但对于有效性的追求贯穿课堂始终。

我设计本课的第二个着力点，是使得课堂教学呈现层次性。拟订交际语境这一概念于学生而言是陌生且难以直接理解的。因此，我选择了从学生熟悉的经典课文《背影》入手，引出交际语境的相关知识，让学生有所体会。接着又用贴近学生实际的"我的校园生活"这个题目，通过变换读者设定，让他们理解随着描写作者和读者身份的改变，表达的内容和目的就会改变，也就导致不同的详略需求，从而对拟订交际语境的重要性有更真切的理解。而能够修改完善他人的设定相比自己设定，在难度上又有所提升。因此，我在最后一个环节才让学生尝试修改，也是出于教学活动层次性的考虑。而且，写作说到底是需要靠个体独立完成的，因此我也不再像之前那样安排集体讲授与学生间的合作讨论，这也符合学生的学习规律。

（二）代表性片段

本课的成功点，我个人觉得在明确设定读者身份时需要关注哪些要素这一环节中处理得较好。

拟订交际语境的关键是读者身份的设定，因此有些研究者与教师也直接把读者意识的培养看作写作教学的重要目标。本课教学在这一环节充分尊重了学生学习的主体性，没有越俎代庖。

课堂中有一位学生提出把自己当读者，但是外来参观的学生是怎样拟订交际语境的思考。在总结环节，我再次对她提问，追问她当初这样思考的原因，引导她自己说出之所以略写每个学校都差不多的内容而详写我们学校的特色内容是因为前者是读者所熟知的，而后者是他们未知且感兴趣的。在此基础上，我顺势做出进一步提炼，帮助学生明确在设定读者身份时要尤其注意他们对我们想交流的内容哪些是已知的，哪些是最感兴趣的。

这一处理的有效性也在本课最后的环节中得到了验证。学生在交流如何修改《精彩就在身边》一文时，能自觉地说出路的情形是读者都知道的，没必要展开，而他们真正感兴趣的是老人的样子、他与小孩交流的情形以及糖人的样子，所以这些内容应该详写。这正是之前教学环节得到落实的体现。

◆ 专家评课

（一）课例概况

20 世纪 70 年代，随着语用学的兴起，"写作即交流"的理念慢慢被人们所接受。语用学认为语言学习的核心不在于语言符合和意义的机械识记，而在于通过语境获得语言运用的能力。此外，随着社会的发展，语言交际也日显重要。于是，逐渐产生了"交际写作"的概念。

"交际写作"理论认为，写作时作者与读者之间运用背景知识，基于交际目的，针对具体语境而进行的意义建构和交流活动。

本课例正是运用"交际写作"理论，解决学生不知如何围绕表达目的安排材料详略的样例。交际语境的拟订激发了学生的写作动机，解决了"为什么写"的问题，又激活了他们原有的生活经验，在生活积累与写作表达之间架起了桥梁，解决了"写什么"的问题。

（二）教学特点

1. 善于学习新的教学理念，并运用于课堂写作实践。

本课例，杨老师从"文章中的'我'的身份是什么""文章的读者是谁""文章的主要内容是什么""文章的写作目的是什么"四个问题，引导学生在写作时通过拟订交际语境来关注写作的目的和对象，合理安排作文材料的详略，既符合课程标准的要求，也贴合目前写作研究的前沿发展。

2. 打通"读""写"通道，善于以"读"促"写"

本课例合理运用"以读引写"的方法，使课堂教学达到了事半功倍之效。杨老师在所学的众多课文之中，挑选了《背影》一文父亲送"我"去火车站和为"我"买橘子的片段。这样的选择，颇见杨老师的用心。这一片段所写的事件有七件之多，详略非常清晰。因此在老师的点拨之下，学生很快理解了写作的目的和对象与材料详略安排之间的关系。

这也提醒我们，学术界前沿理论的应用不能直接生搬硬套，要注意与学生原有学习成果的对接，找到一个适切的生长点，以收循序渐进之效。

（三）教学思考

本课例有意识地从学生的旧识中引出"拟订交际语境"这一新概念，使学生对本课所学的内容更能接受。不过，"拟订交际语境"对学生而言毕竟陌生，因此概念界定尚可更为明确，使学生在学习过程中更关注这一学习重点。

另外，在引导学生设定读者身份时，似可设计更加直观的、具有可操作性的学习载体，令学生的思维过程进一步可视化，这样或许能使课堂学习更加有效。

第 三 章

多种类型作文教学课例

第一节　多种类型作文教学方法指导

《语文课程标准》对初中阶段的写作明确提出要求：写记叙性文章，表达意图明确，内容具体充实；写简单的说明性文章，做到明白清楚；写简单的议论性文章，做到观点明确，有理有据；根据生活需要，写常见应用文。可见，课标对学生的写作能力要求是多方面的。

记叙文根据写作对象的不同，可以大致分为"写人、叙事、写景、状物"这几种类型。写人叙事是初中阶段记叙文写作教学的重点，但写景、状物类的记叙文写作也应有所训练，借此可以丰富学生对生活的观察和了解，丰富学生表现生活、抒发情感的方式。课例《校园一景》旨在引导学生注意观察身边极为熟悉却又极易被忽视的美景，并运用多种方法描写景物，抒发情感。初中中年段的学生，已经积累了一定的描写景物的方法，但方法的整合使用能力尚不足，基于此，《校园一景》一课，借鉴写景类的经典课文《紫藤萝瀑布》《小石潭记》，引导学生在朗读中提炼方法、制作评价量表，进而在评价量表的指导下开展课堂写作实践活动，让学生的"写"有法可循，"评"有据可依。之后再加上教师写下水作文亲自示范，大大激发了学生写作的热情，同时，对"融情于景，情景交融"这一教学难点也有所突破。

初中的作文，大致还可以分为纪实类作文和想象作文。初中阶段的作文教学，主要是鼓励学生写真情实感的文章，要求"写真话""做真人"，以便为今后的写作打下良好的基础。但是，也应当引导学生进行适当的想象和联想，以提高学生文章的表现力，《十年后的我》一课就是想象作文的教学。这堂作文教学是学生在学习了课文《皇帝的新装》《天上的街市》等，对想象和联想有了一定的认识和了解后而进行的写作实践活动。由于学生这类型的作文训练总体偏少，不易打开思路，为了激发学生写作热情，快速找准写作方向，本课主要采用情境设置的作文教学方法，"时光慢递"激发了学生写作兴趣；"梦想清单"要求学生在下笔写《十年后的我》这篇文章（课堂只能写一个片段）前，事先对"我"十年后的有关情况，以及"我"在十年后可能生活或者工作的场景进行"预先设置"。这样，在帮助学生张开想象的翅膀的同时，也使学生的想象不至于脱离实际，天马行空。将想象作文的基本要求"想象合乎情理，想象富有创意，场景生动有趣"落到实处。

初中阶段，除了记叙文的写作，说明文、议论文以及常见的应用文写作也是重要的。《言之有据，论证合理》一课的教学属于议论文写作训练。

初中阶段的议论文写作要求不高，只需要写简单的议论性文字。基于初中阶段是议论文写作的起步阶段的考虑，我们认为：起步阶段最好写规范的议论文。做到标题凝练，观点明确，有一定的论证，论据能为论点（或者分论点）服务。本课基于这样的考虑，设计了一个比较清晰的议论文作文教学的路径，引导学生学习如何一步步逐渐完成一篇规范的议论文写作。由于议论文的写作教学内容比较枯燥乏味，因此，课堂教学设置了一个情境，把议论文的写作比作盖高楼，所谓"万丈高楼平地起"，写议论文也要像盖高楼一样从打地基开始，再一步步完成、完善。议论文的写作逻辑性比较强，为了清晰呈现课堂教学对学生的思维训练，教师充分利用白板的教学辅助功能，尽量将思维训练可视化。将信息技术和语文教学深度融合，有效提高了作文课堂教学效益。

第二节　教学实录

课例6　十年后的我

上海外国语大学附属外国语学校　董涛玲

◇ 课程说明

《十年后的我》是统编教材七年级上册第六单元的写作练习，本单元学习的主题是"想象"，要求学生通过对《皇帝的新装》《天上的街市》等课文的学习，对想象和联想有一定的认识和了解，进而尝试进行写作实践。七年级学生初次接触想象类作文，开始会有些无所适从，具体表现在写作时想象和联想不着边际，依旧像过去的作文那样写实际生活，缺乏想象的元素。《语文课程标准》在提出语文学科课程目标与内容时指出："能主动进行探究性学习，激发想象力和创造潜能，在实践中学习和运用语文。"具体在初中阶段的写作目标中也提到了"运用联想和想象，丰富表达的内容"等内容。基于此考量，为了更好地激发学生的写作动力，使其有章法地写作，教学中将"时光慢递"的情境设置引入作文教学，采用教师"下水作文"的指导方式，用范文引发学生对想象作文标准的思考，进而拟定想象作文评价量表。再创设第二个情境，引导学生填写"梦想清单"来完成一个片段的想象作文写作，然后让学生对照着量表进行互评。目的是在激发学生写作热情的同时，促进学生相互学习，并及时发现自己写作中存在的问题。

◈ 教学设计

【教学目标】

通过借鉴范文，制订评价量表，填写"梦想清单"的方法，对"十年后的我"展开合情合理的想象，进行想象作文的训练。

【教学重点】

展开合情合理的想象，写一个"十年后的我"的小故事。

【教学难点】

创作合情合理且有创意。

【课时安排】

一课时。

【教学准备】

黑板、教学 PPT、学生评价量表。

【教学过程】

一、创设情境，引出课题（1 分钟）

现在有"时光慢递"这个服务，服务内容主要是写一篇文章寄给未来的自己。今天我们一起来体验这一有趣的活动。要求大家发挥丰富的想象力，想象十年后的自己是什么样的，并且把它写下来。用"时光慢递"的服务投递给十年后的自己。

二、学习范例，提炼要素（14 分钟）

老师对这项活动也非常感兴趣，所以大胆做了个尝试，写了一篇文章，请同学们读后进行评价。

（出示范文，师生一起完成朗读）

十年后的我

这是 2029 年的一天清晨，阳光悄悄钻进窗帘的缝隙，淡淡地洒在地面上。

我的机器人伙伴董小师为我拉开窗帘，它用上海话告诉我：你今日的作文课题目是"我的拿手好戏"，接着又用普通话、英语、法语、德语、俄语、西班牙语、日语、希伯来语、阿拉伯语说了一遍。它还挺了挺身子，强调说："这是外国语学校老师必备的语言素养，希望你多多加油啊！"这个董小师，有时是我的贴心管家，对我照顾得无微不至；有时简直就是我的领导，让我事事不敢懈怠！

我看看镜子里的自己，尽管依旧有些圆润——多年冰淇淋不离身的我和苗条大概是扯不上关系了，但苹果肌饱满，和十年前的自己一样。科技的发达，终于实现了我们女人梦寐以求的愿望——青春永驻。看着镜子里充满活力的自己，我情不自禁地笑了。

我一路快走来到学校。尽管现在代步的工具很多，但这些年来我依旧坚持着每天步行到校的好习惯。北京时间7时，我到达学校办公室。这时，我在心里默念着班级学生的名字，立刻，这些学生的定位和对今天作文课的评议就自动输送到位。不出意料，又是各种抱怨。"现在小到做饭做菜，大到建造楼房都是机器人，谈什么拿手好戏呀？这个作文题目没有办法写！"这句话的点赞数瞬间达到了五位数，信息的开放使得全市的中学生都互通有无。

第一节课就是语文课，同学们已经围坐在圆桌前，每个学生前面都摆放着"书本"，只是这些"书本"尽管和传统的书本长得几乎一样，使用的感受也都相同，但学生们使用时的痕迹立刻都会传到老师的电脑终端。如果学生愿意，也可以将自己的学习体会和同学分享。我点开了教师的广播功能，同学们的"书本"上开始播放视频：同学们身姿矫健，一个接着一个穿梭于挥动的长绳之间，啪嗒啪嗒甩绳的节奏声不绝于耳，同学们"加油，加油"的呐喊声响彻操场。当最终"3分钟350个"的结果呈现的时候，整个班的同学拥抱在一起，高喊"一班最优秀"，此时，教室的寂静被打破了，同学们的笑声、交谈声开始弥散在各个角落。

第二段视频开始了，"那是董老师做雪花酥的教学视频啊！"一位大嗓门喊道，这下教室里咽口水的咽口水，跟我讨雪花酥的讨雪花酥，这么多年了，作文课时不时就欢腾起来的情景依旧。

视频结束，我问学生，大家为什么如此欢乐？视频中的两件事有什么共同点？教室里顿时静了下来，学生陷入沉思。我请同学们交流想法，一个学生说大家欢乐是因为看到了老师和同学，特别亲切也特别高兴。同桌的同学补充说，生活中有很多事情只有自己体会到了才知道其中的滋味。这时，我的屏幕上跳出了某位不具名的同学的发言："两个视频的主角都是人，都是由人参与的事情。我们看着很激动是因为这些体验是科技不可替代的。所以作文里的拿手好戏也应该由人完成，是不可替代的。"我忍不住在评论下点了个赞，把这句话投在了每位同学的"书本"上，就没有再说任何话了。

教室里不再有议论声，我要求同学们开始写作。大家低着头奋笔疾书，偶尔个别同学发现我在后面偷偷看，就抬起头和我对视片刻，再用手遮着本子，再低下头写。这般可爱的样子与我多年前看到的一模一样。

到了2029年，写作文依然是学生们的软肋，作文课还是我和学生平等沟通最好的平台，我的学生还是那样可爱。作文课悄悄结束，教室里自动记录保存了今天作文课的一切。

生：首先，我觉得老师这篇作文写得非常真实，虽然是写未来，但是董老师这篇作文是有依据的。比如说倒数第二段中，同学们写作文的画面，写得非常真实，也符合我们这个年龄段的性格特征，是符合自身发展规律的。

（教师板书：自身发展）

师：好，说得非常好，还有没有其他同学来补充？

生：这篇文章的主题是"十年后的我"，那么写的是十年后的一个科技状态，从刚开始的机器人助理用各种奇怪的语言说话，到后面的学生终端和评论点赞的功能，都是比较符合十年这个时间段的。让读者觉得这篇文章写得比较生动，而且这篇文章富有想象力。

师：好的，谢谢你，你提供了很多的信息。想象合理，除了要符合自身的发展，还符合什么发展？

生：社会的发展。

（教师板书：社会发展）

师：我们来看一下符合自身发展，符合社会发展的这种想象，有什么特点？

生：合情合理。

（教师板书：想象合情合理）

师：还有没有其他的角度？

生：我觉得十分生动有趣，十分符合我们现代人上课的特点，包括做雪花酥的视频，看到就想吃，有趣又符合我们现代人的性格特点。

师：好的，你也是围绕着符合自身的发展，提到了生动有趣。

（教师板书：生动有趣）

师：那么董老师是怎么呈现这个故事让它变得生动有趣的呢？请大家从这个角度来评论一下。

生：看到电脑上一些可以上传的平台，可以点赞，就觉得特别有意思，很有创意的感觉。

（教师板书：想象有创意）

师：大家提到了创意，这个很好，我再重复一遍前面的问题，老师是怎么样做到让文章生动有趣的？借助一些什么手段？

生：用不同的描写方法，来让文章变得更加生动。

（教师板书：描写）

师：这篇文章中用到了哪些描写方法？

生：人物的动作、肖像描写让文章不仅生动，而且场景生动有趣，没有胡编乱造的感觉，非常写实化。

（教师板书：场景生动有趣）

师：谢谢大家的评论，我很受益，基于大家的讨论，我整理了一张评价量表，给想象类作文确定了三个观察点：想象合乎情理、想象富有创意、场景生动有趣，为想象作文提供了一定的标准。我们可以尝试着用这张评价量表来指导我们的想象作文写作，并对作品准确评价。

评价 观察点	完全符合	符合	基本符合	不够符合
想象合乎情理				
想象富有创意				
场景生动有趣				

【**设计意图**：教师写"下水作文"并且让学生评论，主要目的在于为学生创设情境，激发学生的课堂学习兴趣，并从范文中提取想象作文的要点。在此过程中，教师引导学生评论的时候紧扣文本，这也是阅读学习中的重要习惯，言之有理还应该言之有据。教师的范文中有许多和现实高度相关的情节，比如爱美之心、兴趣爱好、语文课堂，这是容易引起学生共鸣的地方，引导学生关注情节，思考现实和想象的关系，从而得出想象作文的要素。根据学生提出的想象作文的基本要点构成一张评价量表，是理性思维的提炼，也给学生自己写作提出了明确的要求。】

三、设置情境，尝试创作（20分钟）

师：同学们，写这一类的想象作文我们可以先设置一个写作的情境，请同学们看这份"十年后的我"梦想清单。

（出示梦想清单）

"十年后的我"梦想清单

年龄：	身份：		爱好：
性格：	生活环境：		
我的故事： 这是2029年的一天，我……			

师：请大家看看这张梦想清单上的要求，再回忆一下刚才老师读的范文，填写相关信息。

生：文章主体是一节作文课，体现了语文教师的身份特点。关于爱好，从吃冰淇淋的情节以及文中有一句话"之前多年冰淇淋不离身"、步行和文中"虽然有很多代步工具但还是喜欢步行"，可以提炼出爱好是"冰淇淋""步行"。生活环境从建造楼房、上菜做饭都是用机器人中读出，还有机器人助理和学生的评论中也可以读出，体现出当时的生活环境是高度信息化的时代。

师：你说得太完美了！董老师在写的时候，正是先拟订这份"梦想清单"创设情境，再严格按照拟订的"梦想清单"进行写作的。

（出示梦想清单）

"十年后的我"梦想清单

年龄：28	身份：语文教师	爱好：冰淇淋、步行
性格：亲切、开朗	生活环境：高度信息化时代	
我的故事： 这是 2029 年的一天，我……		

师：下面，我们也以"十年后的我"为题，尝试着写一篇想象作文。建议同学们也先为自己的写作拟订一份"梦想清单"，再展开想象，写一个十年后关于自己的小故事。给大家 12 分钟写作时间。因为时间关系，大家只要写一个小片段。

（学生课堂练习，教师走动观察、指导，回答学生提问）

师：大家写得非常投入。因为时间关系，我们不得不中断创作，来进行交流和讨论。先请同学们进行小组讨论，要求对照梦想清单，结合评价量表，选出组内最值得推荐的一位同学在全班交流。

（学生小组讨论，教师走动指导并参与小组讨论）

师：小组讨论非常热烈，老师非常期待接下来的交流。请各小组推举同学进行班级交流。

生（实物投影展示学生作品，学生朗读自己的作品）：2029 年的一天我刚从卧室里走出来，就发现餐桌上早餐已经摆好了，昨晚堆了一地的图稿、布料还有模型也都已经收拾整齐，放在墙角，在这个科学发达的时代，家中大部分的工作都将被机器人取代。整理、做饭、洗衣服都是机器人的功劳，也就是这样我们才有更多的时间来工作。我首先把图纸上的内容扫描到电脑里，电脑立即自动生成了人穿搭的效果以及服装的评分，再将优秀的稿件传达给了我的 boss 以后，我又开始了新一轮的设计。尽管电脑绘画图纸非常方便，但我仍然认为自己应该保留着古老而传统的纸质作画的方法，因为我觉得纸质作画远远比电脑画得好。即使是浪费了数千张纸，现在的技术也能将这些纸转换成可以继续使用的二次再生纸。

我的作文写到这里就结束了。

师：哪位同学为她点评一下？

生：她跟我写的内容差不多的，我的梦想也是做一个设计师，但是我认为她写得确实比我好，她写得非常生动，想象符合十年后一个科技发达的时代，我认为她的这篇作文可以继续写下去，会成为一篇非常好的作文。

师：如果她继续写下去，你觉得她应当在哪方面进行扩充？

生：可以在她自己的工作和她对自己的描写方面多写一些。她可以加一些具体的故事，让文章更完整。

师：场景扩充，故事更完整一些。谢谢你的点评！还有同学点评吗？

……

师：接下来还有哪一组想推荐同学？请整组把手举起来。

（被推荐学生走上讲台）

生（实物投影展示学生作品，学生朗读自己的作品）：我的故事就是，"2029 年的一天，我坐在大学宿舍的床上，抱着一个计算机与同系的同学完成老师下达的任务。电脑早就已经变成了全息的，有上万种方式来储存信息，计算机的安全识别功能很高，安全级别也很高，也可随身携带在衣服口袋里，那时的计算机已经是一个 u 盘大小的东西，在别人眼中计算机上的各种内容都是加密的，完全看不懂，只有自己能看懂自己计算机上的内容。建模是我最喜欢的爱好之一，这是报数学与计算机系的原因。一个爱运动的人当然在学习与打零工的空闲之中会与同伴们踢球，有时候也会与同学们绕着城市街道或者公园骑车闲聊。在这个技术爆炸性发展的时代，各种看似不可能的事情已经在世界上出现了。现在绕地球一圈只需要几秒钟，速度都可以超越光速，人们早已把许多的宇宙飞船送出了太阳系，探索了更远的宇宙。"

我又看了一遍自己写的作文，我觉得我的修辞不够多，其实可以再加一点同学与老师间的互动。

（教师板书：修辞）

师：你说的互动是运用描写，不是修辞，但是你说到了修辞，这是可以在文章中进行扩充的。谢谢你，先请坐！请同学们继续进行点评。

生：我认为他写得很好，学校里的场景挺符合情理的。但是他缺了一个比较重要的东西，他把文章趣味性丢掉了一点。

生：我觉得十年时间科技发展可能没有这么迅速，之前我们造出宇宙飞船也用了好几十年、上百年，我觉得十年时间就能达到那么多成就有一点困难。

生：其实我文章的设定就是技术爆炸性发展，就是说技术的发展是越来越快，比如说这一年发展出了宇宙飞船，下一年发展出了更多的东西，可能一年发展出了前十年发展出来的东西。所以，我的想法有点大胆。

师：我们来提炼一下，你们都在探讨十年后的情境，在设置情境时，作者确实是比较大胆的。

（教师板书：大胆）

【设计意图：这一环节是学生将"知"落实于"行"之中。第一步，将教师的文章与教师的"梦想清单"联系到一起，这是还原了创作的过程，"梦想清单"的内容即写作的素材，可借此行之成文。第二步，学生写作，在此过程中教师提示学生关注"梦想清单"，紧扣"评价量表"，这是落到实处的要求与提示，在学生写作的时候可以随时向教师提出自己的困惑，教师及时进行解答，这对学生的写作是有积极意义的。第三步，学生互评，这一环节是学生之间相互交流的契机，在评价同学的作品时能再次关注想象作文的三大要求：即想象要合情合理，想象要有创意，语言表达生动有趣。除此之外，学生也能通过看同伴的作文进一步发现自己的亮点与不足。这样的课堂活动为今后在实践中进一步领悟并内化写作经验打下良好的基础。】

四、课堂总结（3分钟）

通过今天的写作训练，我们明白了要写好想象类的文章，基本要求有哪些？

明确：1. 想象要合情合理。2. 想象要有创意。3. 语言表达生动有趣。

五、作业布置（2分钟）

今天我们的作文训练因为时间关系仅仅写了一个片段，在下一节课上，同学们要紧扣情境设置，发挥丰富的想象，以"十年后的我"为题，写一篇不少于500字的作文。同学们交齐后，我们将一起交给"时间慢递"，将作品投递给十年后的自己。老师想象十年后，当同学们收到我们今天写的这篇文章时，一定是非常开心的，因为有的同学已经实现了自己的理想，有的同学甚至超越了想象中的自己。所以，希望同学们一定要精心设计自己的未来。

六、板书设计

十年后的我

想象要合情合理——►符合自身的发展趋势，符合社会的发展趋势

想象要有创意——►大胆，有新意

语言表达生动有趣——►人物此一描写、环境描写、修辞等

◆ **教学反思**

《十年后的我》是部编版教材七年级上册第六单元的单元作文，本单元的学习要求是学习想象和联想的写作手法及如何应用。我的教学重点设定在于展开合情合理的想象，写一个"十年后的我"的小故事；教学难点在于创作合情合理且有创意。我的写作教学围绕想象展开，教学中创设两个情境，即"时光慢递"和"梦想清单"。

首先，"时光慢递"作为学习任务的导入，也作为"下水作文"的展示，由此引导学生归纳出想象作文的三个要点：想象合乎情理，想象富有创意，场景生动有趣，根据三大要点制作出想象作文的评价量表。"梦想清单"是将学习任务以情境的形式呈现，引导学生通过对未来自己身份、爱好、生活环境等想象再进入故事创作，这为想象提供了依托。

写作应该是一个自发的创作过程，所以学生有写作意愿和一定的写作思路很重要。情境创设加教师示范很大限度上消除了学生写作学习的障

碍，使学生的兴趣得到激发并提炼了一定的写作方法，动手实践就变得不那么困难了。

其次，"梦想清单"引导学生创设情境，在情境中进行想象，这样故事的发展就有了一定的支撑。学生过去并没有接触过想象类的作文，尤其是想象一个有具体场景的故事。学生平常的写作中想象也比较匮乏。究其原因，一方面是学生不敢走出想象的这一步，唯恐情节离奇或者现实的束缚过多而难以展开；另一方面，学生很难通过具体的场景来呈现自己的想象。

最后，这堂课在"发散——聚焦——再发散——再聚焦"中推进展开。我先亲自示范想象作文，读过我的文章后，学生对写作的过程就有了比较清晰的认识。他们自己写的时候，我有意识地再提醒学生在故事的片段中呈现自己的想象。写好之后，小组内根据评价量表进行点评，学生就再次聚焦了想象作文的标准。这些教学的手段和方式，激发了学生的写作兴趣，也帮助学生明确了写作思考方向和想象作文的要求，对于学生日常的写作提供了一些借鉴。

通过本堂课的教学，我认识到教学的序列对于启发学生思维的积极意义。还有教师的"下水作文"对学生的影响力，按照学生的作文要求去写作能很好地贴近学生，体会学生写作时可能面临的问题，在教学设计时就能想办法铺设台阶去解决。"下水作文"的另一大好处就是学生能够看到与老师的共同努力，其写作的积极性就会提高。

作文教学是具有挑战性的，也可以充分展现语文教师的魅力，本堂课是引出"美玉"的"砖"，"美玉"成为艺术品需要同行们积极探索、相互切磋。期待我们的作文课成为学生的心中所爱。

◈专家评课

（一）课例概况

部编教材七年级第一学期第六单元的写作要求是发挥联想和想象。本单元所选课文体裁有童话、诗歌、神话和寓言，这些体裁的作品都具有丰富的联想和想象，因此本课写作教学的主题"发挥联想和想象"是对整个单元能力这一培养点的进一步学习和运用。

这节课的教学目标是：对"十年后的我"展开合情合理的想象，进行想象作文的训练，写一个"十年后的我"的小故事。

这堂课教学目标清晰，教学内容设置合理，重点难点突出，教学过程完整流畅。教学过程中，学生能积极融入课堂，在教师的引导下一步步进行有效学习，在现场的写作和互评中不乏亮点，体现出作文课堂教学的价值。

（二）教学特点

本课的教学突出了创新教学的特点，既关注了想象类作文写作能力的培养，又关注了此类作文写作方法的指导。本课的教学特点主要有：

1. 下水作文，激发写作欲望

叶圣陶先生说过："语文老师教学生作文，要是老师经常动动笔，或是作跟学生相同的题目，或者另外写些什么，就能更有效地帮助学生，加快学生的进步。"

董老师的这节课很好地诠释了这一理念。让学生"发挥想象"完成习作，相比较写现实生活，更能激起学生的写作欲。因此，要完成本节课的教学目标，更需要根据学生以往的学习经历，构建一个想象类作文的认知"框架"。董老师以"下水"作文《十年后的我》为例，完成了这一"框架"的构建，这是本堂课最大的一个"亮点"。

2．评价量表，推动写作实践

在学生对范文点评的过程中，董老师和学生一起，逐步明确了本次写作的要求：想象合情合理，想象有创意，场景生动有趣。基于这些要求，师生一起制订了一张关于想象作文的评价量表，帮助接下来的写作实践活动有效开展。作文评价量表能引导学生关注写作过程，并有利于师生、生生互动，进行充分的交流与沟通，体现了语文新课标所要求的"积极倡导自主、合作、探究的学习方式""努力建设开放而有活力的语文课程"新理念。

3．梦想清单，设置创作情境

接着，董老师用"梦想清单"的形式，引导学生在文章写作之前，不妨先预设主人公的年龄、身份、爱好、性格等方面的信息，并按照这些预先的设定展开想象，进行情节的编写及人物的描绘。从教学实际来看，这种作品创作方法，确实给学生的创作提供了一个极好的"支架"，既帮助学生打开了想象之门，又训练了学生严密的思维能力，这一教学手段是值得肯定的。

（三）教学思考

"下水作文"近来又被大家关注，教师亲身实践能感受作文题难度是否合适、命题指向是否明确、指导如何做到得法等。"下水作文"对于培养学生的写作兴趣、激发写作热情、促进师生间的感情交流是很有积极作用的。对教师而言，这也是一项重要的专业素养，既提高教师的写作能力，同时可探究作文的教学规律。

本节课中教师把"下水作文"作为例文来让学生点评，是很有新意的做法，学生在教师的作文中看到了一些选材立意的方法，提炼出了想象作文的标准，可以说是一次很接地气的学习机会。

但如果教师在课堂教学中更多鼓励学生从多角度进行想象，给学生更多自由想象的空间，避免学生在写作过程中受到教师"下水作文"的限制，而使想象受到局限，相信这样的课堂教学效果会更好。到底如何解决这个"两难"问题，需要教师们勤于思考、勇于尝试、乐于分享、精于钻研。

课例7　校园一景

上海市复兴实验中学　叶静

◇ 课程说明

初中语文部编版教材八年级上册第三单元的写作练习是描写景物，要求学生通过对本单元写景类记叙文课文的学习，借鉴景物描写的一些方法，进行语言运用的训练。八年级学生有一定的景物描写基础，但描写比较宽泛，方法不够自然娴熟，描写不够生动具体。基于《语文课程标准》"多角度观察生活，发现生活的丰富多彩，能抓住事物的特征，有自己的感受和认识，表达力求有创意"的写作要求，基于学情以及教材的要求，本课教学目标定位于景物描写基本方法的梳理及运用。首先，引导学生从学过的课文中汲取相关的语文知识，借鉴课文，提炼方法。然后，鼓励学生观察校园里的景色，用心感受身边的美景，并运用多种方法描写景物、表达感情。接着，运用景物描写评价量表指导写作，引发学生对景物描写作文标准的思考。最后，用教师"下水作文"来示范，逐层深入，突破"融情于景，情景交融"的教学难点。

【教学目标】

把握描写景物的基本方法并加以运用，描写身边的美景。

【教学重点】

运用描写景物的方法描写校园风景。

【教学难点】

在景物描写中渗透情感，做到寓情于景，情境交融。

【课时安排】

一课时。

【教学准备】

白板、教学 PPT、课堂学习单、景物描写评价量表

【教学过程】

一、导入（2分钟）

师：请同学们看下面一组照片，你们能说出是哪里的景物吗？（课件展示图片）在我们的身边从来不缺少美，只是缺少发现美的眼睛。如果我们平时多留意多观察，用我们的语言文字把我们身边的美景记录下来，和身边的人分享，或者留存下来，以后再来读这些美好的文字，是一件多么美好的事啊！今天，这节课老师要和同学们一起探讨如何描写景物，写写我们身边的美景。

【设计意图：根据中学生的年龄特点，他们对直观具体、色彩鲜艳的事物最感兴趣。特别是熟悉的校园美景，一组校园照片既引导学生关注身

边的美景，又可使其在轻松愉快的精神状态下，饶有兴趣地投入学习中去。】

二、借鉴课文，提炼方法（15分钟）

（一）提炼方法①②（6分钟）

师：在我们的课本中就有许多写景的名篇。请同学们看下面这段文字。（课件出示文字）

从未见过开得这样盛的藤萝，只见一片辉煌的淡紫色，像一条瀑布，从空中垂下，不见其发端，也不见其终极。只是深深浅浅的紫，仿佛在流动，在欢笑，在不停地生长。紫色的大条幅上，泛着点点银光，就像迸溅的水花。仔细看时，才知道那是每一朵紫花中的最浅淡的部分，在和阳光互相挑逗。

——宗璞《紫藤萝瀑布》

师：请一名同学有感情地朗读这段文字，并请同学们思考：这段景物描写运用了哪些方法？

生：（朗读）

师：景物描写首先要抓住什么？

生：先要抓住景物特点。紫藤萝有"盛"的特点。

（板书：抓住景物特点）

师：这点非常重要，写任何文章都必须有一个中心。景物描写必须抓住景物的特点，再展开具体的描写。

师：还有什么呢？

生：景物描写的顺序。

生：这段景物描写的顺序由整体到局部：先是一片、一条，再到写每一朵紫花。

生：还有从上到下：从空中垂下，不见其发端，也不见其终极。恰当安排描写顺序。

（板书：恰当安排描写顺序）

师：描写的顺序主要有两种：1. 时间顺序。可以是四季变化，如课文中刘湛秋的《雨的四季》，依次写了春、夏、秋、冬不同季节雨的特点。还可以是从早到晚等。2. 空间顺序。可以分两种，一种是取一个固定的观察点，按照视线移动的顺序依次写出各个位置上的景物。例如上文，作者宗璞是如何观察描写对象的？

生：作者宗璞是站在紫藤萝的正前方，从上到下，由整体到局部细细地观察的。

师：另一种是随着观察者位置的转移来描写景物，也叫游览顺序，往往是移步换景，例如《小石潭记》一文。请全班同学来朗读这篇课文。（课件出示文字）

小石潭记

柳宗元

从小丘西行百二十步，隔篁竹，闻水声，如鸣佩环，心乐之。伐竹取道，下见小潭，水尤清冽。全石以为底，近岸，卷石底以出，为坻，为屿，为嵁，为岩。青树翠蔓，蒙络摇缀，参差披拂。

潭中鱼可百许头，皆若空游无所依。日光下彻，影布石上，佁然不动，俶尔远逝，往来翕忽，似与游者相乐。

潭西南而望，斗折蛇行，明灭可见。其岸势犬牙差互，不可知其源。

坐潭上，四面竹树环合，寂寥无人，凄神寒骨，悄怆幽邃。以其境过清，不可久居，乃记之而去。

同游者：吴武陵，龚古，余弟宗玄。隶而从者，崔氏二小生：曰恕己，曰奉壹。

生：（全班齐读《小石潭记》一文）

师：作者如何移步换景？

生：作者先是站在小石潭的上面，而且是隔着成林的竹子，听到水声，然后向下走，看到了小石潭全貌，接着作者靠近潭边，细细地观察了潭中游动的鱼。

师：这时作者切换写作的空间顺序，采用了定点观察的方式，先看了鱼再看了小溪，从"西南而望"可以推知作者站在小石潭的哪个方位？

生：东北方。

（二）提炼方法③④（6分钟）

师：再请同学们看下面这段文字（课件出示文字），选自《紫藤萝瀑布》。请全班同学来朗读这段文字，并请同学思考：将两段文字结合起来，我们还能够提炼出哪些景物描写的方法？

这里除了光彩，还有淡淡的芳香，香气似乎也是浅紫色的，梦幻一般轻轻地笼罩着我。忽然记起十多年前家门外也曾有过一大株紫藤萝，它依傍一株枯槐爬得很高，但花朵从来都稀落，东一穗西一串伶仃地挂在树梢，好像在试探什么。后来索性连那稀零的花串也没有了。园中别的紫藤花架也都拆掉，改种了果树。那时的说法是，花和生活腐化有什么必然关系。我曾遗憾地想：这里再也看不见藤萝花了。

——宗璞《紫藤萝瀑布》

生：（全班齐读）

生：运用人的感官。嗅觉"淡淡的芳香，香气"；视觉则是"它依傍一株枯槐爬得很高，但花朵从来都稀落，东一穗西一串伶仃地挂在树梢，好像在试探什么"。

师：人的感觉有哪些？

生：视觉、听觉、嗅觉、触觉等等。

师：请一位同学来朗读这段文字。这段文字用了哪些感觉？（课件出示文字）

"吹面不寒杨柳风"，不错的，像母亲的手抚摸着你。风里带来些新翻的泥土的气息，混着青草味儿，还有各种花的香，都在微微润湿的空气里酝酿。鸟儿将巢安在繁花嫩叶当中，高兴起来了，呼朋引伴地卖弄清脆的喉咙，唱出宛转的曲子，与轻风流水应和着。牛背上牧童的短笛，这时候也成天嘹亮地响着。

——朱自清　《春》

生：（朗读）

师：这段景物描写文字调动了人的哪些感觉？

生：触觉：抚摸；嗅觉：泥土的气息，混着青草味儿，还有各种花的香；听觉：呼朋引伴地卖弄清脆的喉咙，唱出宛转的曲子，与轻风流水应和着。牛背上牧童的短笛，这时候也成天嘹亮地响着。

生：还有视觉：鸟儿将巢安在繁花嫩叶当中。描写时从人的感官出发，多角度描写景物。

师：很好。景物描写还要调动我们的感官，多角度进行描写。

（板书：从人的感官出发，多角度描写景物）

师：上面两段选自《紫藤萝瀑布》的文字抒发的情感相同吗？

生：不同。前者有"欢笑""挑逗""迸溅"，借助景物描写抒发了作者的喜悦、赞美之情，后者有"遗憾""连那稀零的花串也没有了"，借助景物描写抒发了作者内心的忧伤、惋惜之情。情感不一样，眼中看到的景物也大相径庭。

师：你的理解真棒！景物描写还要融情于景。

（板书：融情于景）

作者往往借景抒情，将情感抒发融合在景物描写中。

【设计意图】：本节课的教学目标是指导学生掌握景物描写的方法和技巧。由于同学们在平时的观察训练与日常写作中，都是通过运用阅读名作，分析和概括景物描写的方法，并借鉴运用到自己的写作中，进而将教学目标分解为两项，其一是如何提炼方法，即引导学生从名家名作中分析出景物描写的方法与技巧。这一环节的设计，我们以读为切入点，在讨论的过程中，教师对学生进行必要的启发。其二是鼓励自主阅读、自由表达，充分激发学生的问题意识和进取精神。通过解析名篇佳作，探究其构成的路径与思维的技巧，引导学生自己逐步寻找方法，归纳方法，最终掌握景物描写的技巧。】

（三）方法小结（3分钟）

师：通过前面学习，我们提炼了景物描写的四种方法。这四种方法是抓住景物特征，安排好景物描写的顺序，多角度描写景物，融情于景。老师根据大家提炼出来的这些方法，制作了一张景物描写评价量表。请看大屏幕。（课件出示文字）

等第 方法运用	非常好	好	一般	不足
景物特点				
顺序安排				
多角度描写				
融情于景				

【设计意图】：本环节的目的在于借助景物描写评价量表，以学生评价写作成果的形式，巩固所学的景物描写的写作方法。它引发学生对自己和他人学习结果的关注，提升课堂学习和互评的质量。它能激发学生习作的热情，使学生把写作当乐事、趣事。它更能调节课堂气氛，倡导一种自

主、合作、探究的学习方式，让课堂活跃起来。】

三、运用方法，练习写作（22分钟）

（一）观察图片（2分钟）

师：前面我们提炼了方法，并且基于这些方法制订了一张指导、评价景物描写的量表。下面我们就用这些方法，尝试写作，然后再用这张评价量表自评、互评我们的习作。请同学们仔细观察下面这张图片（课件出示图片），用8分钟时间描写景物。

【设计意图：认识事物，离不开观察。观察是写作的基础，这也是取得作文材料的根本途径。因此，练习写作之前，学生应观察图片、收集材料。景物观察越仔细，了解越深入，越能把握景物的特征，这样景物描写才能生动形象地跃然于纸上。培养学生良好的观察能力，是作文教学的好方法。】

（二）学生练笔（8分钟）

下发课堂学习单，学生写作，老师适当指导。用8分钟左右的时间完成景物描写小练笔。

（三）习作交流（8分钟）

老师用备授课助手拍摄学生作品，挑选一位学生的作品进行交流，并请一位同学来朗读作品。学生运用评价量表，点评同学的作品。在互动中，交流同学景物描写的实际情况，并能指出不足，然后提出修改意见，进行恰当修改，并打出等第。（屏幕出示学生的作品）

师：同学们都写得非常认真，因为时间关系，老师随意挑选一位学生的作品进行交流。请一位同学来朗读作品。

生：（朗读）《那条林荫小道》：在我刚刚进入校园时，我就被操场旁的小道吸引了目光。弯弯曲曲的小道并不长，一眼便能望到尽头的红亭子与小池塘。小道两旁有几棵高大的松树，好像在保护着小道的宁静。两旁的草地夹杂偶尔掉落的枯叶与许多不知名的野花。轻风拂过，一股泥土的气息夹杂着野花的香味悠然散开，松树叶子哗哗的摩擦声好像在提醒到来的人们别破坏了小道的安逸。还有一年多我即将离开校园，告别这条小道了。再见到小道，小亭子和松树好像在与我告别。

师：请同学们结合评价量表来点评同学的作品。

师：这段景物描写，它的特点是什么？

生：景物特点是宁静。

师：特点明显吗？

生：不够明显。

师：所以我们要像宗璞写紫藤萝一样，能体现关键词，把"盛"的特点凸显出来。那还有修改的空间吗？

生：有的。

师：你可以打到哪个等第？

生：好或一般。

师：那描写顺序的安排呢？

生：从远到近，先写远处，路的尽头，再写附近两旁的景物。

生：从高到低（从上到下），先写高大的松树，再写下面的草地上的枯叶和野花。

师：还可以怎么修改？

生：比如再增加从整体到局部的方法等。等第是好。

师：多角度描写呢？

生：视觉：红亭、松树、枯叶、野花等；听觉：松树叶子哗哗的摩擦声；嗅觉：泥土气息夹杂着野花的香味；触觉：轻风拂过。

生：等第可以打到好。

师：融情于景呢？

生：对学校的依依不舍（依依惜别）之情。在文末体现出来了。

师：还可以怎么修改？

生：将情感抒发在景色中。

师：你打到哪个等第？

生：好。

【设计意图：基于景物描写的方法，教师设计了景物描写评价量表，为学生接下来的修改练笔和作业布置环节提供了一个有效的学习支架。学生首先借助这一学习支架进行自评和互评，然后基于评价进行练笔修改和交流。诊断习作的不足，提出修改意见，并在课上进行交流与补充，让每位学生取长补短，提高写作水平。《语文课程标准》中建议学习要突出学生的自主性，重视学生主动积极的参与精神，特别注重探索和研究的过程，要加强教师在各环节中的指导作用。本堂课在互动的过程中，激发了学生写作的兴趣，增加了每个学生课堂的参与度。同时评价量表直观形象，简洁明了，有助于教师有的放矢地进行写作指导，提升作文训练的针对性和有效性。形成智慧共享的课堂，推动学生自主学习。】

（四）展示范文（4 分钟）

最后出示老师写作的范文。老师有感情地朗读自己的范文，并请学生结合评价量表进行点评。

师：前两天，初三的一位班长邀请我去拍班级毕业照，因为我曾做了他们两年班主任。时光荏苒，当年稚嫩的孩子，现在竟快要毕业了。他们离校的日子已不再遥远，我心中感到惆怅忧伤。下班后，我独自一人走进这条林荫小道，因为心情不一样，我眼中的风景也不一样。于是我拍下这片景色，还写下了一段描写景物的片段。下面我来朗读这段文字，也请同学们结合评价量表进行点评。（课件出示范文）

范文：

傍晚时分，初夏的校园一切都归于沉静。我徘徊在林荫小道上，两旁的景物过早地显出萧条的景象。高大的樟树早已褪去翠绿的颜色，粗大的枝丫向四周伸出，望去是一大片暗淡的深青色。夕阳一寸一寸坠去，最后的一缕霞光映在树顶的叶片上，形成一片迷蒙的烟光。晚风轻拂，树影婆娑，沙沙的声响仿佛正在诉说着淡淡的哀伤。经过前两天雨水的冲刷，小径左边的草坪上飘落着零星的枯叶。右边的花草一片狼藉，枯败的枝叶躺倒在淤泥中。我不禁感到讶异：现在不是初夏吗？怎么像秋天一般，有了萧条之意？春花开，却已落，繁华过后留残香。只有远处红色的古亭在些许的惆怅里静默着。

师：（朗读范文）

生：景物特点：萧条。等第是非常好。

生：景物描写的顺序：从上到下（高大的樟树到低处的草坪、花草）、从左到右（先写左边的草坪景物，再写右边的花草）。

师：还有什么顺序？

生：从整体到局部（高大的樟树到枝丫到叶片）、由近到远（近处树、草、叶再写远处的古亭）。等第是非常好。

生：多角度描写景物（视觉：樟树、草坪、花草、古亭等；触觉：晚风轻拂；听觉：沙沙的声响；嗅觉：留残香）。等第是非常好。

生：情感是伤感、惆怅，在语段中已体现。借景抒情，融情于景。等第也是非常好。

【设计意图：同样是习作展示，任务与任务之间是有层次性的，这环节就是升格指导。在这一任务中，教师关注了学生景物描写在作文中最容易出现的两个问题：一是情景交融不到位；二是多种方法结合运用不理想。如果写景仅仅是为了写景，那么写景本身就失去了意义。成功的景物描写并非简单地描摹物象，而是深刻地反映作者的思想感情。景物描写应该带着感情观察，带着感情取景，带着感情行文。教师范文的出示，使学生有了感性的认识，再结合评价量表，使学生有了理性的认知。范文的评价，引导学生体悟景物描写方法的可取性，这就使得成功作文有据可循。】

四、教师总结（1分钟）

师：今天我们学习了景物描写的方法，并且运用这些方法进行了一些练习，但课堂练习时间是非常有限的，希望同学们多观察多练笔，用美好的文字记录身边的各种美景。

五、作业布置

课后修改作文，完善课堂的写作，并将作文誊写在作文本上。

六、板书设计

> 校园一景
>
> 抓住景物特点
>
> 恰当安排描写顺序
>
> 从人的感官出发，多角度描写景物
>
> 融情于景

◇ **教学反思**

描写景物是初中语文部编版教材八年级上册第三单元的写作练习，本单元学习的主题是"山川美景"。基于《语文课程标准》和单元写作训练的要求，以及学生写作的实际情况，教学目标定位于景物描写基本方法的梳理，以及运用。

本节课通过借鉴课本经典范例，提炼出景物描写的方法，进而有效进行课堂写作训练。景物描写是初中作文训练的重点内容之一，本节课针对"景物描写"这个训练点，精心设计了一条教学路径，引导学生发现方法、提炼方法、运用方法。

首先是成功借鉴名篇佳作。对课文中有关景物描写写作方法的解读，挖掘可利用的写作元素，让学生在读文中领悟为文之道，知晓作文之理，进而有效提高学生的作文表达水平。本节课重点选取宗璞《紫藤萝瀑布》中的两段文字，同时选取刘湛秋《雨的四季》、柳宗元《小石潭记》、朱自清《春》的部分材料，从经典的语段中发现并提炼景物描写的四个方法：抓住景物特点；恰当安排描写顺序；从人的感官出发，多角度描写景物；融情于景。

其次是基于提炼的方法，制订了景物描写评价量表，用于指导、评价学生的写作实践。学生运用这张评价量表，分析同学景物描写的实际情况，指出不足之处，然后提出修改意见，帮助其完善修改。评价量表操作方便，作用明显。点评环节，学生皆情趣盎然。既能让学生直观地发现自己习作的优缺点，又激发了学生参与创作的热情，有效提高了师生、生生的互动，有效达到了教学的目标。

再次是激发学生观察事物的兴趣。真正让学生写身边的景物，发掘身边的写作资源，有效提高学生的写作能力。对同学们来说，最熟悉的地方莫过于校园。围绕"校园一景"写一个片段，每位同学都乐意观察，喜欢下笔。这节课培养学生养成留心观察周围事物的习惯。同时"校园一景"，意味着不能面面俱到，而是要选取校园的一个局部进行细致具体的描写。为了展现出校园景色的特点，写作时务必用到一定顺序。学生取材源于生活，人人可体验成功的乐趣。

课堂中，最让人印象深刻的教学片段，当属全班讨论范文的部分。当同学们一起点评学生的作品后，我们发现从四个基本点来看，学生能完成任务却又略显不足，特别是如何在景物描写中渗透情感。这时出示老师写作的范文，目的在于示范和引领。同样的景物，景物描写的方法运用也相同，但在不同的心境下，景色描写发生了微妙变化。也就是王国维说的"一切景语皆情语"。当你把自己的喜怒哀乐等感情融注到作品中去，作品会更具有感染人心的力量。这个点其实是难度递升的训练，是有层次性安排的教学设计。

生活是一切文章的源泉，我相信教会学生摄取生活素材，观察身边可视、可闻、可摸、可觉、可感的景物，写作方法运用得当，作文也就应运而生了。经过这样一堂写作课，同学们基本掌握了景物描写的方法，并为进一步体验生活、发现生活的真善美提供了借鉴。

当然课堂教学的优越性，往往不在于结论如何，而于教学过程之中的熏陶、启发和诱导。我的作文教学正如屈原所说的一样，"路曼曼其修远兮，吾将上下而求索"，希望与更多的同行一起探讨与摸索。

◇ **专家评课**

（一）课例概况

本课是部编版八年级第一学期第三单元的写作——景物描写要抓住特征。本单元选文皆为古代写景的名篇佳作，这些作品，紧抓景物特征进行描写，言简意赅，情景交融，给人美的体验，让学生在总体上对写景文章有脉络可梳理，为写作《校园一景》，抓住景物特征进行描写奠定基础。

（二）教学特点

叶老师的这节《校园一景》作文指导课，能结合教学内容，突出了以学生为本的思想，学生的主体性得到很好的发挥，体现了思维的广度和深度。重视学生朗读、写作、口语交际、搜集处理信息等语文实践，让每一个学生体验合作与成功的喜悦。

本课具有以下几个方面的特点。

1. 慧眼独具，发掘材源

教育部《语文课程标准》在写作目标中指出："养成留心观察周围事物的习惯，有意识地丰富自己的见闻，珍视个人的独特感受，积累习作素材。"其目的在于让学生以多姿多彩的生活为素材，衍生出富有生活气息的习作。叶老师本堂课最大的特点就是真正让学生写身边的景物，从林荫路到风亭到校园一角，都是学生眼见之景，所以学生有东西可写，也喜欢写。取材源于生活，感受方能成于其中。

2. 循循善诱，激活思路

学生的习作内容具体、生动，有文采，有个性化，这取决于教师点拨的技巧与艺术。叶老师巧借课文，引导归纳，提炼描写景物特征的四种方法：抓住景物特点，恰当安排描写顺序，从人的感官出发，多角度描写景物以及融情于景，循序渐进，层层深入。叶老师遵循《语文课程标准》写作和口语交际的要求，将两者自然融为一体，激发了学生的写作兴趣，为学生描写校园景物，寻得了方法与路径。

3. 多元评价，巩固提升

教师设计的景物描写评价量表，使习作评价方式多元：学生互评、教师点评以及师生互评。在评点中，再次让学生揣摩写法，感悟本次习作的要领，体验成功的乐趣，教学效果令人满意。学生始终在专心地聆听同学的说话，始终用欣赏的眼光看待同学的发言。学生之间在相互启发，相互补充，相互碰撞的过程中，获得共同提高。

（三）教学思考

作文教学旨在全方位培养学生的逻辑分析能力和语言表达，记叙、描写、议论等基本表达方式长期以来都是中学语文教学的重要内容。

整堂课中，在叶老师的引导下，学生思绪如云骞，用心绘景妍，注情入心，抒情笔端，避免了教学走入以教师的教代替学生的学的误区，解决了写景难，写景空的问题。尤其是习作展示与点评环节，学生皆情趣盎然，运用所学知识指点文字，恰到好处，使校园一景更为鲜活，真是"童心之下万物皆活"。

个人建议：本节课写景旨在求一"全"字，为学生写景作文打下了比较好的基础，下阶段建议在同类型作文训练上求一"精"字。这种具有系统性的作文教学，可以让学生的作文有更大收获。

课例 8　言之有据，论证合理

上海市北虹初级中学　景旭初

◇课程说明

《语文课程标准》在七到九年级的写作目标中，明确提出"写简单的议论性文章，做到观点明确，有理有据"。因此，初中语文统编教材在高年级阶段，严格遵循《语文课程标准》对议论文的一些基本写作要求，并将其具体化。初中阶段学生虽然接触过议论文以及相关知识，但议论文的相关写作方法以及路径，对于他们来说相对比较陌生。为了消除学生的这种陌生感，使其对议论文的写作产生兴趣，并对议论文的写作知识有一个形象的了解和建构，课堂教学设计将议论文的写作形象地比喻成建筑楼房，并以一篇范文作为案例，在阅读分析这篇范文的过程中，引导学生回忆议论文相关知识，最终归纳出议论文写作要点、方法与路径。同时，论据的确定与论述的补充，是这条写作教学路径中的两个节点，需要教师借助信息技术，通过一些视频资料与学生评价表，进行相关难点的突破，从而最终成功帮助学生归纳出完整的写作路径。

◇教学设计

【教学目标】

通过议论文范文的分析解读，回忆议论文相关知识，引导学生归纳出议论文的写作路径。借助归纳出的写作路径，让学生针对某种社会现象，完成一篇议论文写作。

【教学重点】

通过议论文范文的分析解读，回忆议论文相关知识，引导学生归纳出议论文的写作路径。

【教学难点】

为论点写论据以及进行必要的补充论述。

【课时安排】

一课时。

【教学准备】

教学 PPT、学生评价量表、"关羽失荆州"相关视频。

【教学过程】

一、导入（1分钟）

师：我们之前学习了有关议论文的一些知识点，今天，我们将所学的知识进行一个综合运用，尝试写一篇小议论文。当然，对于如何写一篇小议论文大家一定会感到很困惑，下面我们通过阅读一篇议论文，边阅读、边思考、边学习如何进行写作。

二、确定论题、中心论点，打好地基（4分钟）

师：如果我们要建造一幢大楼，为了使大楼不倒塌，就要打好地基。写一篇议论文，也是这样。人们阅读文章，第一眼看到的就是标题，如果能给议论文定好一个亮眼的标题，就能吸引阅读者的眼球。那我们应如何定好议论文的标题呢？

任务一：

①著名作家贾平凹说："会活的人，或者说取得成功的人，其实懂得了两个字——舍得。"舍得，《现代汉语词典》解释为"愿意割舍，不吝惜"，实际意思偏向于"舍"。贾平凹的话是在告诉我们：

②舍能体现一个人的智慧。

③现实世界纷繁复杂，我们常常面临着舍的考验，需要我们不断地去选择，去割舍。<u>当无法同时完成许多事情时，当感到"心有余而力不足"时，我们就一定要舍，该舍就舍，是智慧的体现。</u>

①＿＿＿＿＿＿

②＿＿＿＿＿＿

③＿＿＿＿＿＿

④舍能体现一个人的品德。

⑤＿＿＿＿＿＿

⑥＿＿＿＿＿＿

⑦学会舍，我们能拥有人生的智慧，获得成功；学会舍，我们能不被物欲所迷、名利所惑、世俗所左右，就能活得高尚，活得坦荡。

⑧请记住泰戈尔的名言："当鸟翼系上了黄金，就再也飞不远了。"

1. 这是一篇议论文，其论题（议论的话题）是＿＿＿＿＿＿。中心论点又是＿＿＿＿＿＿。根据文章中的论题（议论的话题）或者中心论点，可以给本文拟标题叫＿＿＿＿＿＿。因为议论文的标题一般与这篇文章的＿＿＿＿＿＿有关。

师：我们一起来阅读文章的第一段。哪个字是文章的论题呢？

生：舍。

师：文章的中心论点应该是什么呢？

生：我们要学会舍。

师：非常好！议论文的标题一般就与论题或中心论点有关，根据我们这篇文章的论题和中心论点，请大家现在为这篇文章拟一个标题。

生：我拟的标题就是"舍"。

师：这篇文章是议论文，我们可以加一个"论"字，题目可以是"论舍"。能不能借助中心论点，拟一个标题呢？

生：我们要学会舍。

2. 完成任务后，请同学们思考：进行一篇议论文写作的时候，我们首先要确定自己这篇文章的_____和_____。

师：我们首先应该先确定这篇文章的什么呢？

生：论题和中心论点。（板书：确定论题和中心论点）

课件出示：确定论题、论点，打好地基

【**设计意图**：设计这一环节，是试图借助学生为一篇议论文范文拟一个标题的方法，引导学生掌握写作简单议论文的第一步——确定自己文章的论题和中心论点。当我们观察一种社会现象，提出自己的见解与看法，就是提出议论文的论点。学会亮出自己文章的明确观点，是为议论文写作打下的扎实基础。此任务在具体操作中，教师应当引导学生最终理解，写作一篇议论文的时候，首先要明确将要进行议论的对象或话题，也就是在之前的议论文的学习过程中，已经学习过的所谓论题。同时对这个论题提出自己的看法，即确定文章的中心论点。】

三、梳理结构，搭好骨架（10分钟）

给议论文定了标题，就像给一幢房子打好了地基，确定了你要议论的话题，以及中心论点。给房子打好地基之后，我们应该干什么？

我们还要给房子搭好骨架，还要给它砌墙。写议论文也是这样，我们想想要给议论文搭骨架和议论文中的哪个知识有关？这就和议论文的论证结构有关了。好，请大家一起来了解一下我们这篇议论文的论证结构！

任务二：

1. 请你找一找文章的分论点，并将分论点填在下面的横线上。

分论点一：＿＿＿＿＿＿

分论点二：＿＿＿＿＿＿

师：我们请同学来分享一下学习成果，这篇文章的分论点应该是哪两句话呢？

生：分别是第二段的"舍能体现一个人的智慧"，以及第四段的"舍能体现一个人的品德。"

课件出示：1. 请你找一找分论点，并将分论点填在下面的横线上。

分论点一：<u>舍能体现一个人的智慧</u>。

分论点二：<u>舍能体现一个人的品德</u>。

2. 下列文章结构图属于正确的一项是（　　　）

A. 第①段：提出论题和中心论点　　B. 第①段：提出论题和中心论点

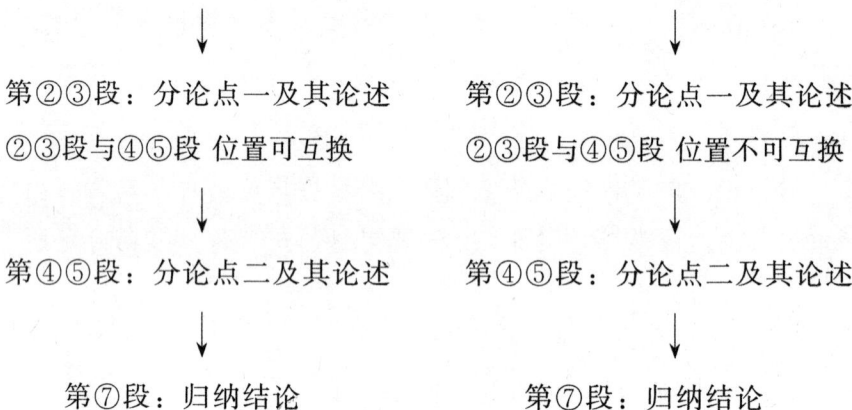

↓　　　　　　　　　　　　　　　↓

第②③段：分论点一及其论述　　　第②③段：分论点一及其论述
②③段与④⑤段 位置可互换　　　②③段与④⑤段 位置不可互换

↓　　　　　　　　　　　　　　　↓

第④⑤段：分论点二及其论述　　　第④⑤段：分论点二及其论述

↓　　　　　　　　　　　　　　　↓

第⑦段：归纳结论　　　　　　　　第⑦段：归纳结论

师：我们发现，这两张结构图，只有一个非常细小的差别，差别在哪里？（课件出示：两张文章结构图）

生：二三段和四五段的位置到底是可以互换，还是不可互换的。

师：请同学们把这几段内容一起来朗读一遍，一边读一边思考，这几段的位置究竟能不能交换呢？

生：（朗读文章段落，思考问题）

生：我认为不可以，因为看后面的第七段，作者是将"智慧"放在"品德"的前面的。

师：非常好，请大家将这句话圈画一下。第七段的内容，暗示我们这几段的内容是不能交换位置的。因此，我们应该选择哪张结构图呢？

生：应该是 B 这张结构图。

3. 根据以上结构图，你认为本文的论证结构属于_____，本文本论部分的论证结构则应当属于_____。

生：总分式。

师：重点在于"本论部分"的论证结构应当是什么结构呢？

生：层进式。

师：很好！我们讲过，层进式，分论点的位置是不可以随意更换的，必须是层层递进的。

出示课件：3. 根据以上结构图，本文的论证结构属于_____总分式_____，而本论部分的论证结构则应当属于_____并列式_____。

4. 完成任务后，请思考进行一篇议论文写作的时候，我们还应该确定自己这篇文章的_____和_____。

师：我们发现要进行议论文的写作，我们还要确认自己这篇文章的什么呢？

生：分论点和论证结构。（板书：确定文章的分论点和论证结构）

课件出示：4、完成任务后，请思考进行一篇议论文写作的时候，我们还应该确定自己这篇文章的_____分论点_____和_____论证结构_____。

5. 确定分论点，从具体方法上来说，分论点必须围绕_____，数量尽量不超过_____个，且在_____上尽量相同或相似。确定论证结构，重点应当关注自己文章的本论部分，分论点位置能够交换的，则是_____，分论点位置不能够交换的，则是_____。

师：首先，我们必须围绕着什么进行分论点的确定呢？

生：文章的中心论点。

师：对的。其次，我们分论点的数量不能太多，最好能控制在几个以内？

生：我觉得是三个以内最好。

师：最后，我们的分论点，什么应该要尽量相似，甚至相同呢？

生：我觉得应该是句式尽量要相似，甚至相同。

师：很好。论证结构我们重点关注的是本论部分。如果分论点的位置是可以互换的，那么是哪一种论证结构？

生：应当是并列式。

师：如果本论部分，分论点的位置不能够互换，应该是哪一种论证结构？

生：应该是层进式。

师：老师希望我们今后进行议论文的写作，尽量能够使用层进式，因为这样能够有条理，思路非常严谨，一步一步地进行推论。

课件出示：分论点的具体确定方法

①围绕中心论点；

②数量尽量不超过三个；

③句式上尽量相同或相似；

论证结构重点关注本论部分：

分论点能够互换位置——并列式，分论点不能互换位置——层进式。

【设计意图：教师设计此任务的目的，在于引导学生明白，在进行议论文写作的时候，要关注"怎么写"的问题。"怎么写"的第一个要点是如何给文章布局，思考文章的结构。而议论文的论证结构，先要明确文章的分论点，在此基础上，确定分论点的位置能否互换，从而确定自己文章本论部分的论证结构。当然，初中阶段对于议论文的写作要求不能太高，分论点的数量尽量不超过三个，否则容易造成论证难度增加，思路结构混乱的情况。】

四、确立论据，添砖加瓦（18分钟）

议论文的结构我们已经掌握了，可是骨架搭好了，是没有人愿意住进这种只有骨架的房子的，接下来我们要给房子添砖加瓦。对于议论文来说，仅仅有论点是不够的，为了支持自己的论点，就要添加论据，使之言之有据。

任务三：

论据一：列夫·托尔斯泰在《一个人需要多少土地》中写了这样一件事：面对"用脚丈量多少土地就可得到多少土地"的诱惑，帕霍姆长时间不停地用脚丈量土地，最终吐血而死。帕霍姆的贪得无厌是造成这一悲剧的真正原因。

论据二：陶渊明不为"五斗米"折腰，远离混浊的官场，回归田园。他舍去对名利的追求，体现了淡泊名利的品德，是一种很高的人生境界。

论据三："阿里巴巴"董事局主席马云面对旗下淘宝网是否收费问题时，他认为："阿里巴巴"目前的主要任务是做大规模；同一时间既想做大规模，又想赚大钱，现在还做不到。马云最终决定不收费。他是睿智的，他的舍使"阿里巴巴"现已成为中国最好的电子商务平台。

1. 同学们，上述三个论据是从原文中摘取的，请你开动你的小脑筋，把它们填入文章中的横线上去吧。

横线①处应填入_____，横线②处应填入_____，横线③处应填入_____。

2. 为什么大家要这样填呢？请大家说说理由吧！

课件出示：原文中有关托尔斯泰、陶渊明、马云的论据。

生：（朗读论据，思考问题）

师：请同学先来概括论据一。

生：帕霍姆因为贪得无厌，一直用脚丈量土地，试图获得土地，最终吐血而死。

师：这是论据一，那么谁来概括一下论据二？

生：陶渊明拥有淡泊名利的品德，选择远离混浊的官场，回归田园。

师：很好，那么论据三呢？

生：阿里巴巴的主席马云，在企业的发展过程中，决定先做大规模，而不是先赚钱，最终，使得"阿里巴巴"成为中国最好的电子商务平台。

师：概括得很好！请大家把这三个论据放回原文的横线上去吧。横线一应该填入哪个论据呢？

生：应该是论据三。

师：为什么呢？

生：因为论据里提到了"马云是睿智的"，显然是为了论证第一个分论点——舍能体现一个人的智慧。

师：那么横线二和横线三应该分别填入哪两个论据呢？

生：我觉得应该是论据二和论据一。

师：为什么呢？

生："贪得无厌"是一种品德败坏的体现，说明这个论据是和品德有关的。而陶渊明本身这个论据，就已经提到了他是有"淡泊名利"的品德的，同样是和品德有关系的，都能用来论证"舍能体现一个人的品德"这个分论点。

师：这两个论据，正好一正一反，形成了一个对比论证，用来论证第二个分论点。

3. 请问同学们，上述哪两个论据相结合，成为对比论证？你能不能为论据三也找一个论据，和它一起结合起来，成为对比论证呢？

我想到的论据是_____

为了检测这个论据是否恰当，我们设计了以下的评价表格，请你使用这个表格，对其他同学分享的论据进行评价。

补充论据学生评价表：

人物及其行为是否明确	人物是否没有做好取舍	人物的结果是否因为未做好取舍而走向失败
修改：	修改：	修改：

师：请大家思考一下，能不能为论据三也找一个论据，和它一起结合

起来，成为对比论证呢？这道题目有难度，老师给大家播放一段视频，通过这个视频，写一个论据。

（学生观看视频，进行思考）

师：老师没有完整地播放这段视频，我们其实已经了解了这个历史事件。请同学们完成这个论据的补充。我们学习单上还有一张评价表，待会请同学借助这张表格，对分享自己论据的同学，进行评价。

（学生写作论据）

师：我们请一个同学来分享一下自己的论据。

生：关羽在荆州之战中，没有做好取舍，同时与曹操和孙权进行对抗，最后被两人夹击，被孙权所杀。

4. 文章中的最后一段看似多余，你觉得呢？说说你的见解和理由。

生：不是多余的，这一段显然也是一个论据，而且是理论论据，可以用来论证文章的中心论点。

师：说得很好。我们的论据不是只能用来论证分论点，有时候，如果中心论点也能用一个论据进行论证，就能使得文章思路显得更加严谨。

5. 我们在这个任务中，明白了写一篇议论文，还需要_____，具体我们可以根据中心论点或分论点补充_____论据或_____论据，或者将两个事实论据结合起来形成_____。

师：我们对这个任务进行一个小结，我们明白了写一篇议论文，还要为我们的论点寻找什么呢？

生：寻找有力的论据，加以论证。（板书：为论点寻找有力的论据）

师：我们可以借此找哪两类论据进行论证？

生：可以找事实论据和理论论据。

师：很好，当然，老师希望大家能够用一个更好的方法进行论证，是什么方法呢？

生：我们可以将两个事实论据组合起来，形成对比论证。

师：为什么对比论证更有力度？

生：因为对比论证中往往会有反面的事实论据，可以让读者的印象更加深刻。

课件出示：

我们在这个任务中，明白了写作一篇议论文，还需要为论点寻找论据，具体确立论据的方法有：

事实论据——理论论据；

两个事实论据形成对比论证。

【**设计意图**：教师设计此任务的目的在于，引导学生掌握简单议论文写作路径的另一个要点，即为自己的论点寻找有力的论据，加以支撑。论据一、论据二、论据三都属于事实论据，分别应填入横线②、横线③、横线①。原因在于它们分别论证两个分论点。而第八段并不是多余的，很显然，这是一个理论论据，其实是用来更好地论证文章的中心论点的。因此，"怎么写"的第二个问题在于一定要善于观察和积累，任何论点的论证，不仅需要进行一番论述，更重要的是需要各自的论据。】

五、补充论述，增添色彩（5分钟）

我们的议论文不仅有了论点，连论据也充分了，似乎议论文的这幢大楼已经搭建好了。但是我们会发现，议论文中似乎还有一些句子，看似多余，显得啰唆，但是仔细读起来，却发现这些句子是绝对不能省略的。就好像仅仅有大楼，而不去粉刷装修大楼，这幢楼根本无法使用。

任务四：

请同学们仔细阅读文章第三段的画线句，边读边思考，这句话能否删去？为什么呢？

生：我觉得不能够删去。因为如果没有这句话，就等于没有了前提条件，就会造成误解，变成我们必须永无止境地去舍。并且这里有一句话写道："当心有余而力不足时……"这就是一个前提条件，因为我感到了心有余而力不足，所以我才去舍，而不是我们不断地去舍。

课件出示：

1. 请同学们仔细阅读文章第三段的画线句，边读边思考，这句话能否删去？为什么呢？

消除对分论点"舍能体现一个人的智慧"的误解，并不是任何情况下都可以去舍，补充解释"舍"的时机。

2. 同学们，你们觉得为什么议论中必须有这些论述呢？

生：是为了不让我们的论点产生歧义或误解。

生：能够补充说明我们的论点。

课件出示：

3. 同学们，你们觉得为什么议论中必须有这些论述呢？请对论点进行解释与补充。

4. 小试牛刀：

有人说过这样一句话：真理诞生于一百个问号之后。（中心论点）

纵观千百年来的科学技术发展史，那些定理、定律、学说的发现者、创立者，差不多都善于从细小的、司空见惯的现象中看出问题，不断发问，不断解决疑问，追根求源找到了真理。（对论点加以论述）

以上文字中的第二段对文章的中心论点进行了解释，我们知道真理诞生应当有_____、_____、_____、_____这四步，如果不解释，我们会将中心论点理解成获得真理只需要做一件事，即_____。

师：以上文字中的第二段对文章的中心论点进行了解释，我们知道真理诞生应当有四个步骤，究竟是哪四个步骤呢？

生：分别是"看出问题""不断发问""不断解决疑问"，最后是"找到真理"这四个步骤。

师：其中最关键的是哪一步呢？

生：我觉得是"解决疑问"。

师：非常好！我们通过这次"小试牛刀"巩固了所学，同时也明白，我们写一篇议论文，最后一步非常重要，需要做什么？

生：对论点进行论述。

师：对的，进行论述，避免读者对我们的观点产生误解，我们自己也要对论点做好相关的补充和阐释。（板书：对论点进行论述）

课件出示：以上文字中的第二段对文章的中心论点进行了解释，我们知道真理诞生应当有＿＿＿＿＿＿看出问题＿＿＿＿＿＿、＿＿＿＿＿＿不断发问＿＿＿＿＿＿、＿＿＿＿＿＿解决疑问＿＿＿＿＿＿、

找到真理＿＿＿＿＿＿这四步，如果不解释，我们会将中心论点理解成获得真理只需要做一件事，即＿＿＿＿＿＿问一百个问题＿＿＿＿＿＿。

【设计意图：本任务意在引导学生掌握简单议论文写作路径中的又一要点，即议论文写作有时还需要进行补充论述，使论证更加严谨。议论文中有许多看似多余的内容，但其实很重要，往往是对论点的阐释，我们称之为论述，是为了能使读者更好地理解作者的观点。因此，教师应当引导学生在进行议论文的写作时，理解论述可以用来解释自己为什么提出这样的一种观点。】

六、总结方法（1分钟）

最后我们把今天学习的议论文的写作方法再做一个总结。

完成一篇议论文的写作，为了明确自己的写作方向，第一步先确定自

己这篇文章的论题和中心论点。为了能够使文章的结构清晰,第二步则应该确定自己这篇文章的分论点和论证结构。而第三步,为了能够论证合理,还需要可靠的论据 。最后为了使文章的论证更严密,我们还需要对论点进行论述。

课件出示:总结写作路径

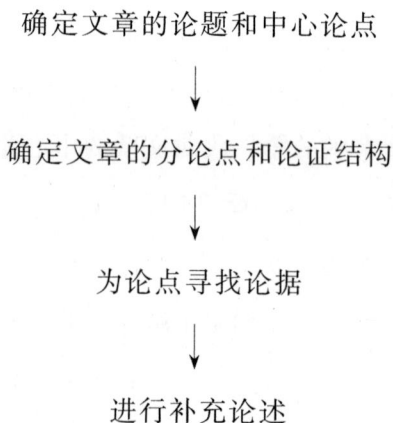

确定文章的论题和中心论点

↓

确定文章的分论点和论证结构

↓

为论点寻找论据

↓

进行补充论述

七、布置作业(1分钟)

阅读下列文字,完成文字后面表格的填写,然后根据表格,有理有据地谈谈你对下面这种现象的看法。

科技其实是一把双刃剑。如核能可以用来发电,却也可以用来制造原子弹;医药科技的迅速发展虽然使一些曾经无药可医的病症有了"天敌",却也使某些抵抗力强的病菌变异,且破坏力远远超过以前病菌的破坏力。其实最严重的还是人们常谈起的环境破坏。就拿冰箱来说,冰箱里的氟利昂就是地球变暖的元凶,它的温室效应效果是二氧化碳的数千倍。

拟确定的中心论点		拟采用的论证结构	
拟确定的分论点（不超过三个）	分论点一：	论证分论点一的论据	
	分论点二：	论证分论点二的论据	
	分论点三：	论证分论点三的论据	

八、板书设计

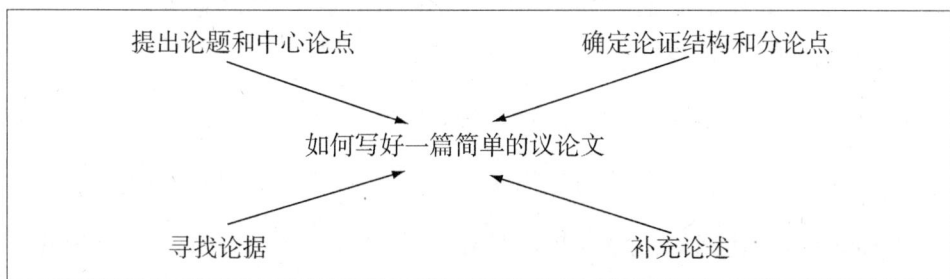

教学反思

　　设计这堂议论文写作课，我的主要目的，就是整堂课试图紧扣议论文的特点，思路严谨，环环相扣。通过几个任务，以一篇范文作为例子，将议论文写作的相关路径，在教学中非常自然地教授给学生。

　　而具体写作路径的形成，我也将其形容成了建筑房子的过程，方便学生理解。确定文章的论题和中心论点，作为写作时需要夯实的地基，是议论文写作的源头和基础。在此基础上，确定文章的分论点，特别是搭建文章的论证结构，是形成议论文整体框架的关键一步。我在具体教学过程中，鼓励学生在本论部分，尽可能运用层进式的论证结构，意图引导学生不断巩固自己的逻辑思维能力。此后，为自己的论点寻找合适且有力的论据，则是丰富文章内容的重要环节，我借助将范文中的相关论据，从文章中抽离，引导学生将论据放回原文中去的方法，其实将论据用来论证论点的作用，无形中让学生加以掌握。这比纯粹地讲授知识要有效得多。最后，也是过去议论文教学中往往容易忽视的一项，就是论述的作用。论述往往用来阐释论点，或者对论点进行补充，以免读者对作者的观点产生误解。而在议论文的具体学习过程中，学生以往会将论述当作可有可无的内容，进而对其无视。我通过引导学生体会范文中有关论述的画线句的作用，逐渐使其认识论述对论证论点的重要性。

其次，在课堂中，我重视信息技术与作文教学的紧密结合。引入信息技术的目的，主要在于技术的作用实现了整堂课逻辑思维的可视化。教师应当将完整的写作路径，乃至每个具体环节的写作技巧，都进行可视化操作，让学生一目了然，从而达到知识结构化的目的。

这堂课因为是与信息技术相结合的作文课，其中有许多代表性的技术运用于作文的教学片断值得思考。例如，我为了引导学生正确理解对比论证的效果，采用了为第二个分论点"舍能体现一个人的智慧"补充论据，并与马云的论据形成对比论证的教学策略。这时我适时地切入一段视频，涉及的是三国时期著名历史人物关羽的一则故事。但我并没有将整个故事完整导入教学，而是让学生有个简单的了解，其目的是让学生在补充论据的时候，能够有比较大的发挥空间。同时，还设计了一张评价表格，通过图片的形式适时切入。这张表格中的评价维度，对应的正是如何补充论据形成对比论证的相关技巧。首先，引导学生明确人物的主要行为。其次，将重点放在是否进行取舍上。最后，关注人物的结果，是否因为之前没有做好取舍，而走向失败。相关信息技术融入教学的片段还有许多，都为作文教学提供了较大的助力。

◆ **专家评课**

（一）课例概况

这是一堂积极落实部编版教材作文教学内容，并与信息技术高效融合的符合初中高年段学生议论文写作需要的作文课。这堂课的教学目标立足于初中高年段学生议论文写作实情，教学思路非常清晰。主要环节通过信息技术手段，有力推进、有效落实了教学重点，并对教学难点有所突破。

（二）教学特点

初中阶段，议论文写作对学生而言是难点。因此景老师将这节课的教学目标定位于"写一篇简单的议论文"，符合初中阶段高年段学生学习特点。同时，以议论文知识点的回顾和梳理，达到教会学生写简单的议论文的方法。本节课的教学特点主要有：

首先，教学环节环环相扣。从选择思路层次清晰的议论文，通过回顾已学的议论文知识点，确定论题、中心论点，到梳理结构，确立论据，再到补充论述这四个环节，为学生写一篇简单的议论文搭好框架。

其次，基于学生过往的学习经历，为学生构建了学习议论文写作新知的路径。在阅读教学中，作为教师会较多关注学生以往的学习经历，以此来确定教学内容。而作文教学经常会忽略这一点，景老师的这一节课就很好地提供了这一方面的经验，即在作文教学中，如何根据学生已有的学习经历，确定更符合学生学习层次的教学内容，为写简单的议论文打下良好的基础。这一路径的构建，既调动了学生已有知识，又在学习过程中，通过教学实践活动给予了学生新的经验，帮助学生完成新的学习经历的重构。这是这节课的重点，也是难点。

再次，善于总结方法，梳理路径。在最后撰写文章环节，教师并未急于让学生写作成文，而是借助这一环节梳理议论文的写作方法。并以表格的形式，帮助学生从"拟确定的中心论点""拟采用的论证结构""拟确定的分论点（不超过三个）"等一一确定所写文章的结构和内容，达到使学生思路清晰完成作文的目的，起到了很好的作用。

本节课的一大亮点，在于信息技术与作文课堂教学的深度融合。教师进行深度融合的关键之处，在于两个方面，一是做到了学生学习经历的可视化呈现。教师不仅在每一个环节将写作路径的每一个要点，由学生通过多元的任务，自主发现并加以呈现，更在课堂的结尾处，通过写作路径的归纳总结，引导学生完整建构出了一条逻辑严密的写作路径。二是做到了学习资源的有效性运用。教师借助视频资源的运用，引导学生补充论据，与原文的论据形成对比论证。但视频资源只是一个突破学习难点的台阶，需要学生仔细观看视频内容，仿照范文中的其他论据，进行自主概括。

（三）教学思考

信息技术应该高效地运用于作文课堂教学中，其要点首先在于学习经历的可视化呈现。这种可视化呈现，有利于学生逻辑思维的培养。传统作文教学中，由于学习经历无法可视化的缺失，同时教师往往给予学生的只是简化的板书，即使学生初次跟着教师的步骤，进行作文学习是系统化的，但是大部分学生基于课堂案例的作文再实践，往往无法复制课堂的系统性。因此，学习经历的可视化，可方便学生对此前的课堂学习成果进行记录、整理与再加工，关注其中的逻辑链条，为自身作文实践提供助力。

其次，在于学习资源的有效使用。作文课堂中的学习资源包括图片、视频、音频、文本等。学习资源的运用应当关注趣味性和引导性，趣味性指的是学习资源应当激发学生的学习兴趣。例如微型视频的制作能够通过有趣的构图与解说增加学生对于理解该学习难点的兴趣，在比较轻松的氛围中能够进行兴趣性的思考，从而达到突破教学难点的目的。而引导性指的是学习资源的内容不应当是直接让学生知道这个学习难点的最终答案，而是给予学生一个台阶，或是设置一个情境，降低学生理解该教学难点的难度，起启发引导作用。

第 四 章

作文修改润色教学课例

第一节 作文修改润色教学方法指导

俄国作家列夫·托尔斯泰曾经说过："写作而不加以修改，这种想法应该永远抛弃。三遍、四遍——那还是不够的。"可见，修改对于写作是多么重要！

有教学经验的老师都知道，与其让学生写十篇作文，不如让学生通过反复修改，写好一篇作文。因为这样的作文训练，更能够提高学生的写作水平。国家教育部制定的《义务教育语文课程标准》明确指出："根据表达的需要，借助语感和语文常识，修改自己的作文，做到文从字顺。能与他人交流写作心得，互相评改作文，以分享感受，沟通见解。"不仅强调了修改作文的重要性，还对作文修改的要求、方法、路径提出了建议。

作文的修改，是一个比较庞大的工程，一篇学生的习作，往往需要修改之处很多。既有审题立意方面的，也有篇章结构上的，还有遣词造句等方面的。因此，作文的修改，既要有对全篇的审视、调整，又要有局部的反复锤炼。

对于初中中低年段的学生来说，作文的修改可以先从修改文章某一个段落入手，因为一个段落的写作牵连的问题相对比较简单一点。《文从句顺表意准》一课的教学设计，聚焦于一个作文片段的修改，而且重点放在语言的修改上。从修改病句入手，进而训练学生采用多种描写方法，增加语言的表现力，使文章具有画面感。一个语言片段，反复修改，反复锤炼，这样的一个修改作文的态度和过程，给了学生一个极好的示范。在这个语言片段修改过程中，教师还及时给出了多种修改文章的方法，并利用这些方法进行实战训练，非常有利于学生作文方法的积累和运用。

语病多，语言贫乏，是目前初中学生作文普遍存在的问题，我们的作文教学一定要非常重视这个问题，文从句顺，准确表意，是写作最基本要求。在此基础上，生动的表达更增文章表现力。因此，《文从句顺表意准》一课的教学，应该是我们初中作文教学的一种常态，我们老师应该经常抽取一些典型的作文片段，引导学生反复修改、不断锤炼，这样做对学生作文能力的提高是非常有帮助的。

对于初三面临中考的学生来说，作文的修改更加重要，要求相对更高，修改的问题也更加复杂，修改手段、修改方法更加多样化。如何帮助学生比较快速准确诊断作文的情况，进而提出修改建议，并进行有效的修改呢？《作文的修改与评价》一课的教学，通过作文的评价量表，从作文的三个一级指标，以及每个一级指标下的三个观察点，一共九个观察点对一篇作文进行全面观察，进而评出等地，并提出明确的修改建议。本堂作文的教学，主要是落实中考最常见的作文形式——记叙文的写作进行修改指导。评价一篇记叙文的写作，主要从三个方面——中心与材料、语言、思路与结构着手。中心与材料上主要看"题意的把握""中心明确""选材恰当";语言上主要看"用词的准确""语句通顺、连贯""表述得体";思路与结构上主要看"记叙顺序""层次清晰""详略得当"。当然,一篇作文还会有其他方面的很多问题,但这些点确实构成了初中阶段学生记叙文写作的主要能力点。作文评价量表的优势是:观察点非常聚焦,可以帮助学生快速准确诊断作文问题,并给出修改方案,而且便于课堂上师生、生生之间的互动交流。这样的作文修改形式,低年级也可以进行,建议根据学情,根据写作的不同内容,降低要求,拟定适合学情的作文观察点,调整作文评价量表。

第二节 教学实录

课例9 文从句顺表意准

上海市复兴实验中学 王昕佳

◇ 课程说明

《义务教育语文课程标准》要求初中阶段学生的写作能"根据表达的需要,借助语感和语文常识,修改自己的作文,做到文从字顺。能与他人交流写作心得,互相评改作文,以分享感受,沟通见解"。可见,初中学生必须具备修改自己和他人作文的能力，使作文达到"文从句顺"的要求。在此基础上，还应该增加语言表现力，进一步修改完善自己的作文。

本课例引导学生通过修改同龄人作文的形式，学习修改作文的一些基本方法，并尝试在课堂上"下水"修改作文。这种修改作文的方式，可以激发学生通过修改他人作文，进而意识到自身存在的类似问题，并加以改正的积极性，同时，可以培养学生多方面的观察能力和扩展思维的能力。

◇ 教学设计

【教学目标】

1. 了解作文中常见的语病，学习增强语言表现力的方法。

2. 借助设置的情境，逐步运用所学方法，连贯且有表现力地叙述一个精彩片段。

【教学重点】

借助设置的情境，逐步运用所学方法，连贯且有表现力地叙述一个精彩片段。

【教学难点】

多种描写方法的恰当运用。

【课时安排】

一课时。

【教学准备】

教学 PPT、写作学习单、"里约热内卢跳高"相关视频。

【教学过程】

一、导入（1分钟）

师：很多同学在写作时，会遇到一个困惑，那就是：虽然自己的选材很新颖，立意也很深刻，但是文章的语言总是显得平淡，甚至存在未察觉的语病，让人读起来味同嚼蜡，印象不佳。今天，我们借助一位同学的片段描写，学习如何使自己的文章"语言通顺、连贯且富有表现力"。（板书课题：文从句顺表意准——如何使我们作文的语言通顺连贯且有表现力）

二、找出病句，一改片段（6分钟）

师：我们班级的小A同学，是一位非常热爱跳高的男孩子。由于他对跳高的着迷，老师请他截取了2016年巴西里约热内卢奥运会比赛中的一段视频，并建议他把这段视频中的精彩瞬间，写成一个片段，留作一段美好的回忆。可是老师看到他的这个片段时，意识到他的作文片段在语言上存在很多问题。我们都是小A的好朋友，今天大家一起来帮帮他，使他的作文语言得到提高。

任务一：

小A截取的视频是里约奥运会跳高比赛决赛的视频，我们知道，跳高是一项非常讲究技巧的项目，而且奥运会本身代表了世界最高水平。在这场扣人心弦的比赛中，加拿大选手德劳最终以2.38米的成绩夺得金牌。我们先一起来欣赏一下这段视频。

（学生看视频）

看完视频，我们发现，这是一段非常值得我们珍藏的美好记忆。小A同学对此做了记录，我们一起来阅读一下小A的第一稿。

课件出示小A的第一稿：

横竿已升到2.38米，广播里不断播放着德劳的名字，对于德劳这个名字，我们这些喜爱跳高运动的孩子们是一点也不陌生的。哨声马上就要吹动了，这是最令人激动的关键一跳。他跑过去，轻轻一跃，身体越过了横竿。他成功了，打破了里约奥运会的跳高纪录！

1. 请你找出以上片段中有语病的句子，并做修改。

明确：

修改①：我们这些喜爱跳高运动的孩子们，对德劳这个名字，是一点也不陌生的。（原句的毛病是"缺少主语"）

修改②：哨声马上就要响起来了。（原句的毛病是"搭配不当"）

2. 教师小结：以上是我们常见的一些语病。当然，语病并不是只有上述片段中看到的这两种，感兴趣的同学，可以在课后阅读《常见的语病》一文，了解更多有关语病的知识，尽量在作文中少出现病句。

【设计意图：通过让学生寻找病句与修改病句的学习活动，使学生了解在写作中常见的语病现象，并使学生认识到语句通顺对语言表达起着至关重要的作用，从而在今后的写作中避免语病。】

三、注重描写，二改片段（15分钟）

师：小 A 同学已经意识到作文中的病句，会对作文的语意表达、语言连贯造成很大的影响。小 A 同学在大家的帮助下，对作文做了初步的修改。这一稿已经基本做到语句通顺，语言连贯了。但是，一段精彩的片段，仅仅做到这一点是不够的。

任务二：

课件出示小 A 的第二稿：

横竿已升到 2.38 米，广播里不断播放着德劳的名字，我们这些喜爱跳高运动的孩子们，对德劳这个名字，是一点也不陌生的。哨声马上就要吹响了，这是最令人激动的关键一跳。他跑过去，轻轻一跃，身体越过了横竿。他成功了，打破了里约奥运会的跳高纪录！

1. 请聪明的同学们仔细想想，这个作文片段最明显的缺陷是什么？

明确：缺少必要的一些人物描写，例如：动作描写、肖像描写等。

2. 请同学们再看一遍视频，仔细观察，思考两个问题：①德劳的动作可以分解成哪几个步骤？②可以在哪里增加对德劳的肖像描写？

（学生观看视频后交流）

生：加拿大运动员德劳的跳高动作可分解为以下步骤：热身、助跑、起跳、越竿、落地。

师：非常好。同学们已经将德劳的跳竿动作进行细化了。接着请思考老师刚才的第二个问题：可以在哪些部分增加对德劳的肖像描写？

生：我认为可以在德劳热身前。

师：很好，除了加在热身之前，还有其他部分吗？

生：还可以加在德劳落地之后。

3. 请同学们根据我们刚才提出的作文修改建议：要描写好德劳跳高的动作，可以将他的动作进行分解，可以分解成：热身、助跑、起跳、越竿、落地这几个步骤；要在适当处增加对德劳的肖像描写，例如：德劳起跑前、德劳落地后，帮助小 A 同学进一步修改作文片段。

4. 学生修改作文（8 分钟）

5. 交流学生写作情况。

（备授课助手展示一位学生的作文修改稿）

德劳用手不时地揉着金色的短发，神情极不自然，仿佛整张脸僵在了一起，脸上除了紧张再也没有其他表情。只有嘴中念念有词，似乎在为自己加油打气。长腿大步大步向前跃进，他开始了助跑。在垫前他猛地停下，努力向上一跳，瘦高的身体仿佛一条灵活的鲤鱼一般跃过了长竿。他成功了！他的脸上表现出了前所未有的兴趣与激动，整个会场似乎都在为他欢呼。他情不自禁地高举起双手跳了起来，五官因为大笑都挤在了一起，他也在为自己欢呼！

师：这位同学的修改怎样呢？请同学们进行点评。

生：我认为修改稿中"瘦高的身体像一条灵活的鲤鱼一般跃过长竿"一句写得比较好。这句话运用了比喻的修辞手法，写出了德劳动作灵活、轻巧。

师：请问这句话写的是德劳跳竿过程中的哪一个步骤？

生：这句话写的是德劳越竿的动作环节。

师：非常好，这句话写的是德劳越竿时的动作。这句话把德劳越竿时轻盈、轻松的状态写了出来。还有其他的点评吗？

生：片段中"德劳用双手不时地揉着金色的短发……"这句话的前半句是对德劳的动作描写，后半句是对德劳的神态描写，这两处细节描写使德劳比赛前的紧张状态跃然纸上。

师：通过描写，体现出了德劳的紧张，很好！请问德劳除了紧张，还有没有其他心理？

生：我认为除了紧张，还有一点激动和一点期待。

师：那么你认为应该如何更换？

生：我认为可以加上"他的脸部肌肉已经有了些许的颤动"这些细微的表情，表现德劳此刻除了有些许的紧张还有些许激动与期待。

师：这是一个不错的建议，因为，德劳肯定期待自己在此次比赛中获得好的成绩。现在请大家再一次回顾视频思考一下：德劳在刚开始热身的时候还做了什么动作？

生：跳了几下。

师：德劳在热身的时候是不是压了压自己的左腿，又压了压自己的右腿呢？那么这几个动作有哪位同学写到过？请你朗读一下。

生（朗读）："马上就要比赛了，德劳在场地的一边开始做热身运动。只见他张开两腿，先侧身压了压左腿，然后反侧身压了压右腿。接着，双手平举，两腿上抬，来回摆动。"

师：写得不错！德劳当时在热身的时候压了左腿，压了右腿。然后，两条腿还来回地摆动与上抬，为比赛做着准备。那么，这个时候除了看到德劳紧张的眼神之外，还能看到什么？

生：我还看到了德劳相当坚定的眼神。

师：非常好。正如刚才的这位同学所说的，德劳在比赛前热身的时候除了紧张，还有激动、期待，还有坚定。请你具体说说：为什么德劳会表现出坚定的眼神？

生：他相当期待自己能够获得好的成绩，他对于自己也具有一定的信心。所以，他才会有如此坚定的眼神。

师：还有哪位同学来点评一下？

生：德劳是有一种坚定的信念，他认为自己一定能跳过去，他代表的是国家的荣誉。再者，他是一位非常优秀的跳高运动员，他对自己是非常有自信的。所以，他会表现得非常坚定、自信、期待。

师：是的。奥运会是世界上最高规格的比赛，德劳能有资格参加奥运会足以体现出他是一位非常优秀的运动员，他肯定想为自己的祖国争得一份荣耀。他的内心充满了激动、喜悦、期待，当然也对自己充满了自信。所以，同学们对于热身的部分还可以进一步进行添改。还有其他的点评吗？大家看一下，片段中还有一句："口中念念有词，仿佛是在为自己加油打气。"这一句是不是也能体现出德劳对自己充满了自信。还有"他的脸上出现了前所未有的兴奋与激动"等这些句子都写得很好。接下来我们一起来看另一位同学添改的片段。我们先请这位同学朗读自己的作文。

（学生朗读同时用备授课助手展示学生作文）

生（朗读）：德劳身着灰色的加拿大运动背心，金黄色的头发因为紧张的缘故略微有些凌乱，高挺的鼻梁上布满了细密的汗珠。他有力地向上跳着，做着热身运动。哨声马上就要吹响了，这是令人激动的一跳。他挥舞着修长的双臂，踏着有力的步子，渐渐加速。纵身一跃，当身子越过竿子的那一刻，只见他两膝迅速向上一抬，灵巧地将身子调整到了最佳状态，最终成功地落到了气垫之上。当他被气垫弹起的那一刻，他激动地挥舞着双拳，明亮的眸子里散发着成功的喜悦。他成功了，打破了里约奥运会的跳高纪录。

师：好的，谢谢你的朗读。请其他同学来点评一下。

生："德劳身着灰色的加拿大运动背心，金黄色的头发因为紧张的缘故略微有些凌乱，高挺的鼻梁上布满了细密的汗珠"一句，写出了德劳在比赛前非常紧张，我认为写得不错。

师：是的，从这句话中可以看出这位同学观察得非常仔细。请同学们继续点评。

生：还有"当他被气垫弹起的那一刻，他激动地挥舞着双拳，明亮的眸子里散发着成功的喜悦。他成功了，打破了里约奥运会的跳高纪录"这两句话是对德劳成功越过了 2.38 米横竿之后的描写，写出了他此时此刻内心的喜悦和激动之情。

师：是的，所以他明亮的眸子里散发出了这种难以形容的喜悦。德劳内心中的畅快、喜悦油然而生。还有其他点评吗？

生：我认为"他挥舞着修长的双臂，踏着有力的步子，渐渐加速"一句中的"有力"展现了德劳的自信心，这个词语看上去很普通，但对表现人物具有不错的效果。

师：是的，从"有力"中还可以看出德劳内心的坚定。老师认为"灵巧地将身子调整到了最佳状态"这句话也写得很不错，尤其是句子中"灵巧"这个词语的运用，能体现德劳越竿时动作的轻盈，状态很不错，对吗？这段文字中，这些生动的描写，使文章增色不少。所以，希望同学们在写作时，能做到像今天这样，仔细观察，用心体会，细致描绘，使自己的语言文字更有魅力。

【设计意图：细腻的描写，能够反映人物的性格特点，甚至能够表现出人物的闪光点，对表现人物，增加文章表达效果起着很大作用。但在平时的写作中，许多学生都觉得细腻的描写太难，究其原因，主要是因为学生们平时不注意仔细观察描写对象。所以，这一教学环节意在引导学生仔细观察人物在瞬间神情动作等诸多变化，并体会人物内心微妙变化，进而进行细腻的描写。】

四、关注侧面，三改片段（15分钟）

师：经过我们的第二次帮助，小A同学的作文又上了一个层次，我们一起来看一下他写作片段的第三稿，他的作文已经将加拿大运动员德劳的动作进行了细化，使文章有了初步的画面感，而且增加了肖像描写。

课件出示小A的第三稿：

横竿已升到2.38米，广播里不断播放着德劳的名字，我们这些喜爱跳高运动的孩子们，对德劳这个名字，是一点也不陌生的。哨声马上就要吹响了，这是最令人激动的关键一跳。

就在这时，哨声吹响了，德劳在原地蹦了几下，习惯地压压左腿，再压压右腿，直起身子，深呼一口气，然后猛地向前奔去，从起跑线大步跑到横竿前，仔细丈量了一下距离后又返回了起跑线。做完这些准备活动后，他目视前方，眼神充满了自信，似乎在告诉观众，一定不会辜负大家对他的期望。随着哨声响起，只见他紧握拳头，迈出轻快有力的步伐，用力向前冲去。当快接近跳高架时，他一个急转身，脚用力一蹬，两个动作几乎同时完成，一瞬间，他的头部、肩部已越过横竿，再挺胸、翘腰，身轻如燕，轻轻地落在软垫里上，好一个"背越式"！他成功了！他打破了里约奥运会的跳高纪录！只见他兴奋地举起双手，向观众挥手致意。

师：经过前两次的修改，小 A 的片段中，对于加拿大运动员德劳的描写已经细致入微，有一定的画面感了。可是奥运赛场上，并不是只有德劳一个人，德劳的表现，只是从正面进行了描写。我们知道，欲使语言更有表现力，还需要从侧面进行刻画。侧面描写可以集中在哪些人物身上呢？视频里对于观众没有进行大量抓拍，只是重点记录了当时观众们的呼喊声，但是这并不妨碍我们发挥想象力，对他们进行描绘。

任务三：

1. 请充分发挥你的想象力，想象公众们是怎样为德劳加油鼓劲的。

2. 学生交流。

明确：观众的表现，是随着德劳的表现在不断演变着的，特别是应当集中在跳高开始前，以及成功越竿后。跳高开始前应侧重于表现紧张的气氛，成功越竿后应侧重于观众们的喜悦、激动。

【设计意图：视频中大量镜头都是围绕德劳的跳高而展开的，但是如果学生在写作中只关注德劳的表现，那么所展现出的画面会显得单一且缺乏层次感。此时，教师应引导学生展开合理的想象与联想，联系以往的生活经历想象赛场上的其他人的表现，用侧面描写来烘托主要人物。侧面描写不需面面俱到，只要以较少笔墨进行描写，就能起到以少胜多之效。】

五、教师总结（2 分钟）

通过今天的学习，我们了解了如何使我们作文的语言通顺、连贯且有表现力的方法。首先，我们要尽量避免出现语句不通顺，甚至语病的情况。其次，要注意对人物，尤其是主要人物进行细致的描写，例如：今天我们着重练习的动作描写和肖像描写。在运用动作描写时，注意将动作进行分解，有步骤地进行描写。再次，还应当通过侧面描写，使文章更加充实。

六、作业布置（1分钟）

课后继续修改完善小 A 的片段描写，并且将它誊抄在作文本上。

七、板书设计

文从句顺表意准

——如何使我们作文的语言通顺连贯且有表现力

1. 避免语病

2. 注重描写

3. 关注侧面

◇ 教学反思

这是一堂情境创设、写作方法学习和写作训练紧密结合的写作指导课。写作教学的核心围绕"文从句顺表意准"展开。

我在批改学生作文时，常常发现学生在写作的过程中经常会出现一些不易察觉的语病，从而影响了整篇文章的语句通顺与语意连贯。另外，虽然叙述完整，语意连贯通顺了，但是在语言表达上往往显得平淡、乏味，不能给读者留下深刻的印象。针对以上两种现象，本节课就"如何使我们作文的语言通顺连贯且有表现力"展开讨论，旨在通过本节课的写作训练，使学生在今后的写作中能使自己的语言表达更加规范，且更有表现力。

我在教学设计中创设了一个熟知的情境：班级中一名痴迷于跳高运动的同学写作中的一个片段，针对此片段中的语病和其他不足之处进行指导和完善。

首先，通过片段中存在的语病现象使学生意识到写作中的语病会对文章的语言表达和语意连贯产生影响，从而让学生在自己今后写作的过程中有意识地避免出现语病。

其次，除了修改最基本的语病之外，还让学生认识到一段精彩的作文片段仅仅靠语言通顺和语意连贯是完全不够的，适当的人物描写也是写作中必不可少的方法。例如：德劳跳高比赛的具体情形，可以重点抓住人物的动作描写和肖像描写来表现人物。

最后，我提示学生还应关注赛场上的其他人。学生在我的提示下立即关注到了赛场上的另一名黑人运动员和围观赛事的观众们。侧面描写，又叫间接描写，是指在文学创作中，作者通过对周围人物或环境的描绘来表现所要描写的对象，以使其鲜明突出。

本堂课的任务设计层层递进，有序进行。我选取了班中两位学生的作文片段进行交流点评，不仅提高了学生点评交流的兴趣，也使学生有一种身临其境之感。视频的选择也独具匠心，视频的播放不仅激发了学生的学习热情，同时对学生的习作修改起到了引导的作用。学生通过视频可以直观地感受人物的动作分解和人物的肖像变化，仔细的学生通过视频还可以关注其他运动员和围观观众的表现，这使得学生在分析片段作文的不足之处时，也有了一个依托的支架。

最让人印象深刻的教学片段是学生进入"动作分解"和"肖像描写"的写作环节。我引导学生带着问题再次欣赏视频。思考动作分解的步骤与肖像描写的落脚点。学生经过细致的观察后，将比赛时的动作分解成了热身、助跑、越竿、落地四个环节。学生发现之前的片段缺少了动作分解而缺乏画面感。另外，由于比赛时的紧张、激动、期待与比赛获胜时难以言语的喜悦与兴奋之情都可以在肖像描写中得以彰显，所以课堂写作时，学生在热身时和比赛结束后两处添加了对德劳的肖像描写，从而使德劳跳竿的整个画面更加丰盈饱满。

本堂课教学形式以边欣赏视频边完善习作的方式进行，氛围显得活跃而轻松，学生从中寻到了完善习作的依据和方法。

◇ 专家评课

（一）课例概况

本课是部编教材八年级第一学期第四单元的写作——语言要连贯板块的内容，重点训练学生通过作文片段的修改使文章语言通顺、连贯且有表现力。王昕佳老师的课堂教学通过情境设置，语病诊断，继而引导学生综合运用人物描写的手法，反复修改语段，实现了课堂教学目标。

（二）教学特点

本课具有以下几个方面的特点：

1. 教学内容选择精当

王老师对教学内容的选择，有两点值得借鉴：其一，选用的奥运跳高比赛精彩瞬间的视频，内容精练，易于操作，既紧扣教学目标，又具有突出重点的效果。在刺激学生感官的同时，更把握住了他们的兴趣点，为实现教学目标和完成授课内容奠定了基础。课堂上学生对视频内容表现出了极大的兴趣，在观摩视频之后仍然意犹未尽，给作文指导课增添了一抹亮丽的色彩。作文教学只有激发学生的写作动机，才能让他们发自内心地愿意写作，才有可能帮助学生提高写作水平和写作能力。其二，选用班级学生作文。学生对身边的同学较为熟悉，对其作文也更感兴趣，更在此基础上，对同学习作进行修改，促使其调动自己的知识经验来参与完善写作对象，从而最大限度地激发学生的创作热情。

2. 教学环节安排紧凑

王老师为指导写作安排了三个教学环节，符合学生的认知规律。在

"注重细节"环节，出示改稿，王老师因势利导，启发学生揣摩对动作进行细化的方法，由此梳理出跳高动作的分解步骤：热身→助跑→起跳→越竿→落地，以及分阶段添加人物的肖像描写，丰富片段内容，增强画面感。在"关注侧面"环节，注重引导学生关注场面气氛的营造对表现人物的作用，使文章更加充实。几个教学环节之间逻辑关系比较强，形成了一个环环相扣，步步深入，逐渐提高写作能力的过程。

3．写作方法提供及时

巴尔扎克说："唯有细节才组成作品的价值。"好的细节，能使文章生动形象，写人则如见其人，写事则生动传神，写景则如临其境，给人真切的感受。王老师就如何"细化动作"入手展开细节描写，给学生提供的方法是"分解动作"，这是本节课教学的重点。除此以外王老师还为学生提供一系列写作方法：①采用多棱视角，多角度描写跳高动作，运用修辞手法、肖像描写或揣摩人物心理的方法，对某些动作要领进行具体描述；②变换叙述视角，抓住观众的反应进行侧面描绘。侧面描写可为作品增添一种含蓄委婉之美，使其具有悠长的韵味，让人回味，让人沉思，也更能激发读者的想象力，调动读者的阅读兴趣。学生在王老师的激发之下立即进发出想象的火花，想象跳高开始前应侧重于表现紧张的气氛，成功越竿后应侧重于观众的喜悦、激动，这也是典型环境对主要人物刻画的一种方法。

（三）教学思考

课前、课中、课后"一体化"的教学，值得我们好好探索。教学实践证明，精心设计课前预习任务，可以有效推进课堂教学。如果这节课的教学设计把阅读《常见的语病》一文作为课前学习任务，查找语病环节作为课前预习，课堂交流，把更多的课堂时间留给"注重细节"和"关注侧面"这两个作文教学环节，让学生充分"写"，充分"评"，也许，课堂教学效果更佳。

课例 10 作文的评价与修改

上海外国语大学附属外国语学校东校 李晓燕

◈ 课程说明

　　《语文课程标准》在七到九年级的写作目标中，明确提出该学段学生须"根据表达的需要，借助语感和语文常识，修改自己的作文，做到文从字顺。能与他人交流写作心得，互相批改作文，以分享感受，沟通见解"。初中语文统编教材的编写，充分体现了对作文修改的高度重视，例如：九年级第二学期第四单元的写作课程"修改润色"，要求从"言"和"意"两个方面指导学生评价与修改作文。初中阶段高年级学生已掌握部分记叙文写作的技巧，但对评价作文的依据与修改作文的技巧更多停留于表面，加之在日常学习中较少有评价与修改自己或他人作文的机会，较难理解与落实作文的修改建议。

　　为了培养学生自批自改作文的能力，首先就要为他们提供评价作文的支架。因此，这节课根据批改作文的三个纬度——中心与材料、语言、思路与结构制订了一张具有了个一级指标的作文评价量表。根据九年级学生在作文中常见的问题，又在一级指标内部细化为九个观察点，帮助学生更有针对性地评价作文并提出修改意见。课堂教学设计以一篇九年级作文为案例，通过小组讨论、同侪交流与教师点拨，引导学生运用评价量表准确诊断习作的问题并提出相应的修改意见，使学生掌握修改作文的基本思路与方法。最终将评价量表的作用落实到作文修改实践之中，也可进一步运用量表评价修改后的习作，从而形成完整的作文修改路径。

◈ 教学设计

【教学目标】

1. 运用评价量表准确评价作文并提出修改建议。
2. 掌握修改作文的基本思路和方法，并进行修改。

【教学重点】

运用评价量表准确评价作文并提出修改建议。

【教学难点】

在评价量表指导下修改作文。

【课时安排】

一课时。

【教学准备】

教学 PPT、学习单、备授课助手。

【教学过程】

一、导入（1分钟）

师：我们初中生的作文写作常常会面临两大问题，一是如何写一篇作文，二是如何修改一篇作文。今天我们将用集体的智慧，一起解决第二个问题，学习运用评价量表诊断作文问题并恰当修改。

二、阅读作文，初步评价（5分钟）

师：先请三位同学朗读这篇习作，在倾听他们朗读的过程中，请同学们思考这篇文章写得怎么样。（可追问：有哪些问题？）

（出示习作）

就这样，埋下一颗种子

①每一个种子落下后，都有一个神奇的过程，这种让人回味的时光，绝对不会忘了，在种子长大的过程中会遇到很多事情，比如说，天气万里无云，天气很好，也会遇到大风细雨，电闪雷鸣，天色昏暗的情况，有些种子会开花，就像人一样，在刚刚走进这个让人好奇的学校时一样，在学校里成长，让我认识了很多新的同学在老师的帮助下成长。

②我刚来学校时，对这里非常陌生，当我认识了一个同学后，我和他一起学习，就像种子一样在田地里成长。

③老师就像种子的保护伞一样，也像天上的太阳，让种子在一个很好的条件下成长。

④有一次在学校里，一个我们班的大个子欺负一个小孩。我看见后非常生气就骂了这个大个子一句，后来就打了起来，都打进了医院。老师知道后，就通知我们的家长。我和大个子都知道了这一件事情的重要性后，我就问了这大个子说："为什么要去欺负那个小孩？"大个子说："因为他偷了我的东西，所以我就吓了一下他，当时非常生气所以就打起来。"

⑤然后大个子就向我说对不起，我说："我也不对，因为我不知道是什么情况就骂了，该是我说对不起才对。"后来我和大个子成为最好的朋友。同学们都很害怕大个子，因为大家都知道大个子从小就喜欢打架，但是我不这样认为，因为他也帮助过人，比如说，有一次上体育课，我脚一滑，人就倒了，大个子看我脚上受了伤，就把我抱起来，跑到了医务室。后来这个大个子说，他要回老家读书了，我当时听到后特别难过，他送给

我一盆植物说：我明天就要走了，就把这一盆植物当成我吧。后来他去了外地，唯一的联系方式就是他给我的手机号。不过在我一次搬家时给丢了。最后的联系方式也没有了，就这样，我在我的心中埋下了一颗种子。

师：大家读完这篇作文后感觉如何？有没有发现什么问题？

生：首先我觉得文章用了一个打架的例子，这是个比较负面的题材，不太好。

师：你觉得这是比较负面的事例。（板书：事例负面）

生：我认为这篇文章的中心不是很明确，文章除了开头和结尾稍微点到一点题目外，其他部分没有提到任何和种子有关的内容。

师：非常好！（板书：中心不明）请继续评价。

生：我觉得它的用词不准确。（板书：用词不准确）

生：我觉得它在事例上也没有详略得当的描写，最后一段写事情也没写具体。

师：很好，那就是详略不当，然后事例也描写不具体。（板书：详略不当　事例不具体）

师：我们一起来把同学们刚刚找出的问题进行分类。首先，从"用词不准确"的角度我们能提炼出这是什么角度的问题？（生齐答：语言）"事例负面""中心不明"，这些是什么角度？（生齐答：中心与材料）非常好，那"详略不当"这关乎文章的？（生齐答：思路与结构）（板书：语言、中心与材料、思路与结构）

【设计意图：这一教学环节通过让学生朗读习作，完成评价与修改作文的第一步——初步感知习作中出现的问题。学生评价作文的第一直觉十分敏锐准确，但更多的是经验表述。因此，教师引导学生将感性感知的问题从写作的角度进行理性认知归类，由此明确并引出了作文评价的三大维度。】

了解评价量表，奠定评价基础（4分钟）

师：依照我们刚刚提炼的作文评价的三个维度，再根据记叙文写作的基本要求，老师制订了一张记叙文写作的评价量表。这张评价量表分三个一级指标，形成九个观察点，可以从多个方面观察一篇作文。（板书：评价量表）（课件出示量表）

记叙文的评价量表

一级指标	观察点	等第（A/B/C/D）	修改建议
中心与材料	题意把握正确		
	中心明确		
	选材恰当		
语言	用词准确		
	语句通顺、连贯		
	表述得体		
思路与结构	有一定的顺序		
	层次清晰		
	详略得当		

附：量表要素介绍

1. 中心与材料

（1）题意把握正确：明确题目含义和隐藏的写作指向，需要把握题目的中心词和修饰语，并梳理题中词语的基本义、引申义与比喻义。

（2）中心明确：在文中明确点明与阐释中心主旨，且主旨紧扣题目。

（3）选材恰当：选择能与题目和主旨相契合的材料，挑选最具典型性的事例，必要时依据中心对素材进行剪裁。

2. 语言

（1）用词准确：结合具体语境确定词语；词语搭配正确；词语感情色彩表达准确；关联词使用准确；概念使用符合内在逻辑等。

（2）语句通顺，连贯：句子结构完整；句子表述规范；合理安排词语和语句的前后顺序；内容表达要有条理性；上下文有呼应与衔接。

（3）表述得体：记叙文从语体色彩角度来看使用的是书面语，不可用口头语；记叙文应以叙述性、描写性语言为主。

3. 思路与结构

（1）有一定的顺序：记叙顺序包括顺叙、倒叙、插叙。

（2）层次清晰：结构形式包括总分总、分总、总分等；段落间也应当有逻辑关系，例如并列关系的事例，应从多角度呈现中心，又如递进式的段落层次应呈现对人或事由浅入深的认识等。

（3）详略得当：详写的内容应与中心思想关系更密切，能直接表现中心，需要写完整写具体；略写部分与中心有关联但无法直接体现中心，可以略述。

（4）等第：A. 非常好　B. 好　C. 一般　D. 糟糕

【设计意图】这一板块的设计给予学生评价与修改作文的支架——记叙文评价量表，引导学生从三个角度诊断作文。教师介绍评价量表中关键

要点以帮助学生熟悉量表，让他们更加细致地了解评价作文的角度和要点，从而为下一阶段运用量表诊断习作的不足打下基础。】

四、小组合作，运用评价量表评价作文并提出修改建议（20分钟）

师：接下来，请大家小组讨论，运用评价量表进一步诊断出前面那篇习作的问题，并给出具体的修改意见。

课件出示具体要求：

（1）四人一组，讨论合作修改三项一级指标中的一项，每项一级指标有两个小组完成（教师明确每一小组讨论的内容）。

（2）将评价与修改意见写具体，可举例说明。

（3）每组派代表班级进行交流。

师：相信大家通过刚才的讨论有所收获，现在邀请每组代表进行成果交流，请同学到讲台上展示与讲解自己的评价量表。

学生交流时教师行为的具体要求：

（1）教师用备授课助手拍摄并在屏幕上呈现学生的评价量表。

（2）教师在学生讲解和展示过程中圈划要点并及时旁批总结，发言结束后有不足之处可请其他同学互相补充完善并及时增加旁批，教师做好引导和总结工作。

生：今天我们组为大家介绍的是"中心与材料"这一板块。"题意把握正确"的等第是B，因为我们认为文中没有表明题意：种子指的是什么？开头有一句话是"在学校里成长，让我认识了很多新的同学在老师的帮助下成长"。这句话我们认为与全文没太多关系，后面的事例也未体现老师如何帮助"我"成长。题目要求的是讲述种子埋下的过程，而不是如

何成长。（教师批注：埋下过程不具体）

生："中心明确"给 D 等。因为文中没有明确的中心，开头结尾也没有点明中心。（教师批注：中心不明）

生：在"选材"方面，第三节"老师就像种子的保护伞一样，也像天上的太阳，让种子在一个很好的条件下成长"，这一节与全文联系不大，我们组认为可以把这段删掉。第四段中他有一个打架的例子，稍微有点负面，但与文章内容有点关联，建议略写。（教师批注：老师事例×，打架事例×）

师：感谢这位同学的分享。其他组有没有可以补充的内容？提示一下，在"题意把握正确"里，除了告诉我们要写埋下种子的过程，题目里还告诉我们要写什么？

生：种子的深层含义（教师补充并批注：种子深层含义——比喻义）

师：对"中心明确"的评价牵涉一个问题，这篇文章的中心是什么？"我"和大个子之间在文中埋下了一颗怎样的种子？

生：我认为文中写的是"我"和大个子的友谊，所以种子象征两人的友谊。（师批注：友谊）

师：再来看"选材恰当"，同学说老师和打架的例子并不是很合适，那第五段中也不只有一个例子，能否请同学帮我们提炼下？有哪几个例子你觉得比较合适？

生：首先我觉得上体育课"我"脚受伤，大个子帮助"我"的例子是合适的。

师：可否给这个事例取个名字。我们姑且取名为"体育课事例"。这个例子同学们认为是合用的。（师批注：体育课事例√）

小结：

1. 中心与材料

（1）题意的把握：种子在题目中有比喻义，可指充满希望的美好事物，例如友谊、梦想、决心等。本文没有明确，要修改。"就这样"应呈现"种子"具体埋下的过程，要求写清楚在何时、何地、受到何人、何事、何境的影响或者启发从而埋下这颗"种子"的。本文没有写具体，要修改。

（2）中心明确：文中和文末都未明确点明与阐释中心主旨，未说明是友谊的种子，只是形式扣题，结尾草草了事。应当巧妙构思象征友谊的意象以及画龙点睛的抒情议论性语句。

（3）选材恰当：本文选择了学生时代最常见的友谊事例，从身边常见小事写起。第二段所提的同学后文未涉及；第三段老师的事例与埋下种子没有关联；文章重点写了两人打架题材不是很合适，热情助人的例子较合适主题，建议写具体，并有所创新。

2. 语言

（1）用词准确：第④段"小孩"一词使用不准确，应该是同学；第④段中"这一件事情的重要性"中的"重要性"有问题，应当是"严重性"。文章多处用词不准确，建议一并修改。

（2）语句通顺，连贯：第④段第二句，"后来"应改成"于是"；文中多处关联词使用不恰当，建议修改；文章的语言顺序比较混乱，语义表达不够清楚，建议修改。

（3）表述得体：文中口头语较多，例如第一段"落下"应改为"种下"，此外，文中的"骂了一句""打进了医院""吓了一下"等都过于口语化，建议修改为相对比较严谨的书面语；这是一篇写人记事类的记叙文，记叙文以叙述和描写为主，本文缺少描写，建议尽量将叙述转换成描写，并增加对人物、环境的描写，以及必要的修辞修饰成分。

3. 思路与结构

（1）有一定的顺序：这篇文章采用的是时间、地点变化的记叙顺序，但时间、地点交代不清。建议交代清楚时间、地点变化。

（2）层次清晰：文章结构是总分总，在结尾的总结上应当加强，建议单独成段，总结全文，起到画龙点睛作用；开头总起全文应当和友谊相关，并和结尾呼应；段落间也应当有"友谊"不断递进的逻辑关系，应通过相关描述和过渡句等让两人友谊在三个事例叙述中不断加深，主体部分可以设计为"相识－相熟－相别"几个阶段，以体现两人感情的递增，以及友谊的不断加深。

（3）详略得当：文章写了"我"与大个子打架的这一材料，因为打架这一行为本身不可取，所以，这一材料不可取，建议另选材料，或者从一个能体现大个子身上虽有缺点，但也有一定闪光点的角度叙写这个事例；文中大个子送"我"去医务室和送"我"绿植的事例可以较好地表现中心，这是他在"我"心中埋下友谊种子的主要原因，应当详写，建议写具体写生动。

【设计意图：这个环节的设计意在让学生在课堂上真正"动"起来，亲自体验运用评价量表"批阅"作文的感受，从中学习和实践评价与修改作文的基本方法。通过小组讨论，以及之后的班级交流，最终形成了一份完整的作文修改方案。学生在充分的讨论与交流过程中，既能对作文修改的过程和修改方案的形成有清晰的认识，又能将评价量表的三大指标和九个观察点运用于作文评价与修改的实践中，由技巧学习走向实践操作。这样一个实际操作过程，比单纯传授修改方法有趣有效得多。】

五、下水修改，师生交流（9分钟）

1. 在刚刚的讨论与交流中，评价量表帮助同学们更加清晰、准确地评价这篇文章，针对具体问题提出详细的修改建议。接下来，请大家根据刚刚的分析修改作文中"体育课事件"这一片段，注意要符合一级指标以及下位的观察点的要求。老师罗列了一些修改这一事件应当特别关注的要点。

课件出示：紧扣中心，用词准确，语句通顺，连贯，表述得体。

2. 学生交流与互评

选择一到两位学生进行朗读交流，其余同学根据评价量表点评。

说明：（1）教师用希沃授课助手拍摄呈现学生的习作。

（2）在学生朗读展示过程中圈画要点并及时旁批总结，发言结束后请同学依照量表点评并及时增加旁批，教师做好引导和总结工作。

（3）学生评价时提醒段落是否扣住友谊，哪些描写突出友谊可加以圈画标出；语句不通顺、用词不准确、口语化的部分圈出修改；有精彩描写处用波浪线画出标注。

生：渐渐地，我和大个子的关系越来越好，我也发现了大个子身上更多的优点。一次体育课跑步时，我脚下一滑，不慎摔倒，脚踝钻心地痛，好像有千万根钢针在刺，我不禁痛得龇牙咧嘴。大个子看见后立刻跑过来，二话不说，把我小心急忙地搀扶起来，送往医务室。送到医务室后，为了让我放松下来，他给我讲笑话，做鬼脸，好久才离开。之后的几天里，他帮我拎书包、打饭，把我照顾得无微不至。我没有想到，大个子他粗犷的外表下有如此细腻的心思，我对大个子真得刮目相看。

师：这位同学的创作好在哪里？还有什么值得改进的地方吗？请大家根据评价量表的要求进行点评。

明确：

优点：段落前后能点明中心，暗示两人友谊不断加深；能够塑造大个子助人为乐的形象；抒发了"我"的感动与感激之情，写出了真情实感。

需要改进处：对大个子帮助"我"的场景与行为可以展开更加具体生动的描写，例如：对人物的肖像、动作、语言进行生动的描写；增加环境描写；增加修辞方法的运用等。

【设计意图：这一环节的设计旨在推动学生根据前一环节形成的修改方案落实习作的部分修改。教师在学生修改前点拨了修改要点，引导学生明确了修改"体育课事件"的要点，有利于聚焦写作能力点进行着重训练。在学生展示自己的修改后，由学生再次根据评级量表对习作加以诊断，通过生生互评形成集体智慧进一步完善习作，目的是促进学生养成不断比照评价量表自主修改习作的习惯。学生在评价量表指导下进行写作实践，并运用量表分析、评价写作成果，目的是巩固学生对评价量表使用的方法，进一步强化学生评价、修改作文的能力，同时借助评价引导学生关注量表背后蕴藏的作文写作教学要点。】

六、总结（1分钟）

师：我们一起来回顾下整堂课：这节课老师带领大家一起学习如何使用作文评价量表评价与修改作文，首先，初读习作，初步感知，制订记叙文写作评价量表；其次，根据我们制订的作文评价量表，诊断作文问题并提出修改意见；最后，我们根据诊断的意见尝试修改了"体育课事件"并结合量表进行评议，进一步熟悉作文评价量表的使用，从而掌握作文修改与提升的方法。

（师板书：将三个维度括号指向记叙文评价量表，并在评价量表下补充"立足记叙文"）

七、作业设计

师：今天作文的修改因为时间关系仅修改了一个片段，课后要求同学们紧扣课上评价量表对此文的分析与建议，修改其余部分。相信通过大家的协力帮助，这篇习作定将成为一篇佳作。

八、板书设计

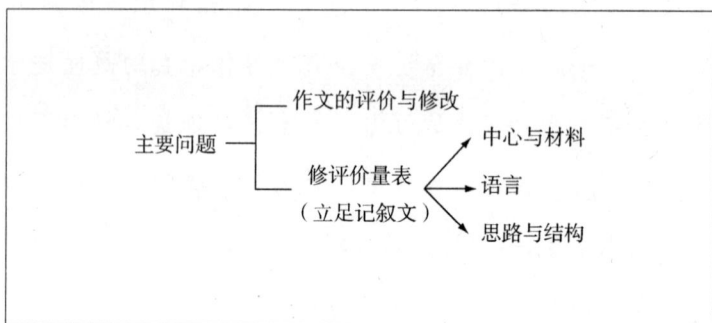

◇ **教学反思**

　　鲁迅先生曾说过："好文章不是写出来，而是改出来的。"这强调了文章修改的重要性。在日常教学中我发现，作文修改指导更容易出现教师"一言堂"的情况，而学生对于教师的修改意见认知并不透彻，往往不能将教师的修改意见落到实处。所以，我认为，最好的方法是教会学生自己修改文章的路径和方法。《语文课程标准》中对初中学段的学生提出要学会"修改自己的作文，做到文从字顺"，并要"互相批改作文"的要求。学生掌握自己修改和互批改作文的能力是语文课标要求。

　　于是，我结合部编教材写作部分的一些内容，将这堂课设计为基于作文评价量表与同侪学习的九年级学生作文修改指导课。我从记叙文写作的基本要求——"中心与材料""语言"与"思路与结构"，确定了三项一级指标与九个观察点，从而组成一张记叙文评价量表，为学生评价作文优劣与诊断作文问题提供写作、评价以及修改的支架。

　　我在进行课堂任务设计时关注逻辑性，做到环环相扣。第一项任务是初读习作，通过学生对这篇习作的"直觉"评价，提炼出作文评价的三个维度，由此导入记叙文评价量表的介绍。第二项任务是运用评价量表，通过小组讨论的形式以一项一级指标为切入点给习作打分，并诊断问题，提出修改意见。第三项任务是下水修改习作片段，将修改意见落实到片段修改这一实践中。在学生修改作文的兴趣得到一定激发后，教师再根据师生共同形成的修改方案总结修改要点，那么动笔实践就变得具有指向性与目标性，对学生而言也更易于完成写作任务。第四项任务则是推动学生再次运用评价量表，诊断并修改下水习作，在再次评价与修改的过程中深入明确修改要点，并对记叙文写作的要求有进一步认知。最终让一篇作文的修改在作文评价量表的指导下，在"初步诊断——初步修改——再次诊断——再次修改——反复诊断——反复修改"的循环中不断完善。

整堂课对学生进行作文评价与修改有四大助力：

一是前面提到的记叙文评价量表，给学生评价、修改乃至再修改作文的标准与"公正尺"。评价量表将作文评价标准可视化，使学生评价与诊断作文时有据可循，清晰明了。

二是我将作文的批改权交给学生，调动学生参与作文修改活动的积极性，形成更加多元的评价意见和修改方案，激发学生参与作文修改的动力。本堂作文课上学生作为课堂的主导者，作为作文的审阅者，在自主学习上有颇多尝试。作为评委评价与修改他人作文的经历十分新鲜有趣，也让学生在"批改"过程中更加直观地了解写作要点。

三是课堂上同侪学习的有效性。在整个环节中，首先学生个体运用评价量表对习作评析后，通过小组讨论在小范围内分享想法，取长补短，通过头脑风暴形成一份组内公认的修改方案。随后，小组代表在班中交流本组发现的问题与修改方案，此时小范围的方案在大集体中进行再补充、再修改，通过有效的同侪学习形成 3 份较完整的修改方案。最后对同学的下水习作的生生互评，形成了智慧共享的课堂，完善修改习作，推动学生自主学习。

四是思维可视化的操作。学生在展现小组成果时，教师借助希沃白板的批注功能，随听随批，将小组得出的评价要点与修改意见批注在相应的表格旁，并根据其他同学的补充不断完善，由此师生合理完成 3 份从三个一级指标出发的修改方案，并将全班学生思考的过程以及成果可视化呈现，并保留思维成果，以供之后当场片段修改和课后全文修改呈现提供依据。

"知己知彼，百战不殆。"学生通过他人作文，了解了记叙文写作评价要点，同时理解了一篇好作文必备的关键要素与重要技巧，他们将重新审视自身写作时出现的问题，并在之后的写作过程中避免一些常见问题，明白在日常写作中不断"打磨"自己作文是多么重要。

◈ 专家评课

（一）课例概况

这是一堂符合《语文课程标准》对初中学段学生修改作文的要求，有效落实统编教材作文教学内容，并与同侪学习融合的符合初中高年段学生作文修改需要的作文课。这堂课的教学目标立足于初中高年段学生作文评价与修改的基础学情，教学环节紧密相扣，逐步深入，具有较强逻辑性。主要环节以作文评价量表为支架，有力推进了学生评价与修改作文的实践活动，有效落实了教学重点，并通过可视化教学手段的协助落实了教学重点。

（二）教学特点

叶圣陶先生提出"作文教学要着力培养学生改的能力"，提醒语文教育要关注培养学生修改作文的能力。在传统的初中写作教学中，一方面是教师在批改上花费大量的时间和精力；另一方面，学生只对分数有兴趣。作文评改方式的单一化，导致学生的作文兴趣和作文水平难以提高。由于忽视学生写作主观能动性的培养，学生往往缺乏写作兴趣，也缺失评价与修改作文的能力和意识。

对于这样的现状，李老师做了一次很有益的尝试——运用作文的评价量表，帮助学生学习评价和修改作文。评价量表可以帮助学生从反思的视角找出作文中存在的问题，从而提升自己的作文水平。本课的教学特点如下：

首先，本课为学生修改作文提供了确切的依据和评判的支架。在课堂教学中，李老师运用学生同龄人的作文，由平时作文中常见的问题，提炼出初中阶段学生写记叙文的主要问题。同时，结合记叙文写作的基本要求，制订了一张记叙文写作的评价量表。这张量表由中心与材料、语言、结构与思路这三方面构建而成，形成九个观察点作为考量依据。作文评价量表的使用，将作文的评价与修改由相对较为主观的活动，变得更有据可依。当学生明确外界对自身作文的评定标准时，便会以此标准为依据，参考此评价与改进自己的习作。同时，量表本身是一个较完善的作文评价系统的缩影，也可以帮助学生搭建起写作的整体架构，对学生写作知识体系的构成具有重要意义。

评价量表的使用让作文修改教学由原来的接受学习转向发现学习。发现学习以学生的学为中心，以学生经验及经验的发生过程为中心。教师通过设置支架与指导，让学生自己参与知识的发现过程以获得知识，自己得出结论以解决问题，从而发展学生的研究性思维。

其次，在课堂上李老师为设置适应学生认知水平的教学情境，让学生先初步感知习作中的问题，随后教师根据学生找出的问题总结出评价作文的三个方面，并引入记叙文评价量表。这一环节关注学习者原有的知识经验，帮助学生在新旧作文修改的知识间建构联系，通过人与人间交流与学习情境的创造，来促进认知的建构。

最后，本堂课在同侪学习上有较多尝试，提供了有利于学生与周围人群交互作用的教学环境，并且为学生提供了可视化的教学场景，通过拍摄呈现、要点批注等形式及时记录教学过程中同侪学习的成果。从课堂效果来看，写作评价主体由教师单一评价转变为学生同辈互改评价为主，来自于同学的意见能更好地让学生乐于接受，更能激发学生参与讨论交流的热情，在这一环境下也更易实现师生的平等对话，达到相互成长、共同进步的目的。

（三）教学思考

作文评价量表的使用，不仅能引导学生评价与修改作文，也有助于学生写作时读者意识的形成。读者意识应当贯穿于整个写作过程。由于写作过程中，读者并不在场，即教师并不能实时评断，不能为作者提供任何反馈信息，往往使学生在写作时过度主观沉浸于自己的创作中。评价量表则时刻提醒着作者也有责任为读者呈现连贯的思路、规范的语言、明确的中心等，以对具体文本内容进行恰当的处理。有了潜意识中的读者约束，学生在写作时对中心与材料、语言到结构与思路的构建上有一定的倾向性与选择性，评价量表恰恰是树立读者意识的好帮手。

在评价量表中，我们看到的不仅是陈述性知识——被描述讲授的知识，在量表中可视为三个一级指标与九个观察点的具体内容，也涉及程序性知识——涉及解决问题的思维操作过程，即技能，运用评价量表对习作的具体分析可视为该类知识。评价与修改一篇作文需要学生规划、组织、使用知识性与程序性知识，从而有效调控评价作文和同侪学习的过程，这是策略性知识的运用。初中生正处于认知能力逐步上升的阶段，他们的自主学习能力、观察力、分析能力等有显著提升，初中高年级教学的重点因由感性思维转化为理性思维。在这一学习阶段，作文课堂的设计不仅应关注学习者陈述性知识的掌握，还应加强对程序性知识和策略性知识的方法指导，以符合学生认知心理的发展。